TIBET

Erste Seite:
Der tiefe Ton mächtiger Radongs leitet das Klosterfest in Ganden in Zentraltibet ein. Der Klang dieser auffälligen Instrumente ist dem der Alphörner sehr ähnlich und kilometerweit zu hören.

Verglichen mit anderen Regionen sind die Täler Zentraltibets fruchtbar. In geschützten Lagen werden Raps, Buchweizen und vor allem Gerste angebaut. Heilige Stätten, wie diese schöne Stupa-Anlage auf der Fahrt nach Drigung Til, passen perfekt in das Landschaftsbild.

MIT BILDERN UND TEXTEN VON KAI-UWE KÜCHLER

INHALT TIBET

Seite 8/9:
Während die Altstadt Gyantses von der Kulturrevolution verschont blieb, wurde der über der Stadt liegende Klosterbezirk Pälkhor Chöde nahezu vollständig zerstört. Von den ehemals 16 Klöstern haben nur zwei die Zeit überstanden. Berühmt ist die Anlage durch den begehbaren Kumbum-Chörten, der als eines der bedeutendsten Bauwerke tibetischer Architektur gilt.

Seite 12/13:
Der Potala liegt auf dem Marpori, dem „Roten Berg" in Lhasa. Im Jahr 1645, in der Ägide des 5. Dalai Lama, begannen unermüdliche Arbeiter mit dem Bau. Die Mauern seiner Fassade sind 360 Meter lang und bis zu 110 Meter hoch.

Seite 14/15:
Einmal im Jahr findet in Tsurphu, aber auch in anderen Klöstern, große Feste statt, bei denen mit prächtigen Cham-Tänzen die Ortsgeister der Berge besänftigt, die bösen Geister vertrieben und die guten Geister angelockt werden sollen. Es ist immer ein Kampf des Lichtes gegen die Mächte der Dunkelheit.

WAS IST TIBET?

Wer heute eine Landkarte Asiens aufschlägt, sucht in den meisten Fällen vergeblich nach dem Land Tibet. Bestenfalls findet der geografisch Interessierte eine Grenzlinie, die die Autonome Region Tibet als eine Provinz Chinas ausweist. Der so markierte Teil umfasst dabei nur einen Teil des alten, des historischen Tibets. Dieses bestand ursprünglich aus den drei großen Provinzen Kham (Osttibet), Amdo (Nordosttibet) und Ü-Tsang (Zentral- und Westtibet). Im Jahr 1965 wurden riesige Gebiete der alten tibetischen Provinzen Kham und Amdo, mehr als die Hälfte des ursprünglichen tibetischen Territoriums, den chinesischen Provinzen Gansu, Qinghai, Yunnan und Sichuan zugeordnet. Mit der neuen Grenz-

Der Shisha Pangma ist mit 8027 Metern der „niedrigste" der 14 Achttausender. Sein Massiv liegt komplett auf tibetischem Territorium. Schon Heinrich Harrer und Peter Aufschnaiter waren von dem Eisriesen beeindruckt. Übersetzt heißt Shisha Pangma so viel wie „Bereich oberhalb der grasbewachsenen Ebene".

ziehung verkleinerte sich der über Jahrhunderte gewachsene tibetische Kulturkreis kartografisch und natürlich nur auf dem Papier.

Bis 1950 hatte sich Tibet freiwillig vom Ausland weitestgehend isoliert. Wohl gab es Kontakte mit Indien und China, und das Land kam zeitweise unter den Einfluss anderer Völker wie den der Mongolen, der Gurkhas aus Nepal oder der Manchu-Kaiser aus China. (Umgekehrt beherrschte Tibet mitunter Gebiete benachbarter Länder, so auch Teile Chinas.) Aber das waren vorübergehende Perioden, die nie ernsthaft Tibets Souveränität gefährdeten. Mit dieser Politik konnten die Herrscher auf dem Dach der Welt über Jahrhunderte die kulturelle Autonomie und Eigenständigkeit des Landes bewahren. Tibet hatte eine eigene Regierung, Kultur und Sprache sowie eigene Gesetze und Bräuche. Es gab ein klar umrissenes Territorium und Menschen, die es besiedelten. Die Regierung unterhielt ein eigenes Zivil- und Rechtssystem. Es wurden Steuern erhoben. Es gab eine Post, eigenes Geld und sogar ein Telegrafensystem.

Verschweigen wir nicht, dass Tibet bis dahin ein, nach westlichen Maßstäben, sehr rückständiges Land war. Bis 1950 existierten weder Straßen noch motorisierte Fahrzeuge. Das Land war in einer feudalen Struktur erstarrt, bei der es einer kleinen

Adels- und Priesterschicht sehr gut ging, während jedoch die Mehrheit der Bevölkerung unter ärmlichen und hygienisch unzureichenden Bedingungen lebte. Fragt man heute Tibeter, möchte kaum einer jene Zustände vor 1950 zurückhaben. Eine Verklärung des alten Tibets ist wenig hilfreich. Das Land war dringend reformbedürftig.

Trotzdem fuhr das Land mit seiner selbstgewählten Isolation über Jahrhunderte, verglichen mit anderen Regionen Asiens oder der Welt, gut. Kriege, Vertreibungen und Hungersnöte waren unbekannt.

Es scheint eine grausame Ironie der Geschichte zu sein, dass diese selbst gewählte Isolation dem Land schließlich zum Verhängnis wurde. Denn als 1950/51 die chinesische Armee in Tibet einmarschierte, hatten die Tibeter keine internationale Lobby, um gegen diese Annexion zu protestieren.

Von chinesischer Seite wurde der Einmarsch mit einer Befreiungsideologie gerechtfertigt.

1959 drohte sogar die Festsetzung des weltlichen und religiösen Oberhauptes Tibets, des Dalai Lama, der dieser durch eine abenteuerliche Flucht über den Himalaja entkam. Der Regierungssitz der Tibeter sowie das neu erbaute Kloster des Dalai Lama wurde ins Exil, in das nordindische Dharamsala, verlagert.

Die 1965 begonnene und mehrere Jahre währende berüchtigte Kulturrevolution in China markiert die nächste Zäsur in der jüngeren tibetischen Geschichte. Sie hatte die teilweise oder völlige Zerstörung von über 90 Prozent aller Klöster zur Folge. Die Religionsfreiheit wurde unterdrückt, und wer sich zur Wehr setzte, wurde umgebracht oder verschwand in chinesischer Gefangenschaft. Diesem dunklen Kapitel steht man heute von offizieller chinesischer Seite distanziert gegenüber. Inzwischen ist Chinesisch Amts- und Verkehrssprache, der sich nolens volens auch zunehmend Tibeter bedienen. Das Land wird systematisch erschlossen. Straßen werden gebaut, Flughäfen und Schienenwege, wie die neue Lhasa-Bahn, wurden angelegt. Die Versorgung in den Städten mit Wasser und Elektrizität wird vorangetrieben. Hospitäler sichern eine medizinische Grundversorgung der Bevölkerung. Freilich oft auf einem sehr niedrigen Niveau. Die klassische tibetische Medizin kann man nur noch an wenigen Klöstern studieren. In den Schulen wird oftmals nur auf Chinesisch unterrichtet.

Mit der Erschließung begannen allerdings auch die Zerstörung und der rücksichtslose Abbau natürlicher Ressourcen. Die Tibeter sind mittlerweile eine Minderheit im eigenen Land. Es gibt Pläne, in den nächsten Jahren 20 Millionen Han-Chinesen in Tibet anzusiedeln. Die Überfremdung Tibets wird nicht nur vom Dalai Lama als die größte Bedrohung für sein Land angesehen. Die Einheimischen laufen Gefahr, Kultur, Sprache und ihre ethnische Eigenständigkeit zu verlieren. Verantwortlich für diese Entwicklung ist auch der Einfluss der westlichen Moderne, die um Tibet keinen Bogen macht.

Diese Seite:
Links:
Aus allen Teilen des Landes kommen Pilger, um die heilige Stadt Lhasa zu besuchen. Manche sind auf ihrer Tour monatelang zu Fuß unterwegs gewesen. Ihr höchstes Ziel ist der Besuch des Jokhang-Tempels (im Bild) und des Potala-Palastes.

Unten:
Tibet ist ein Land der Gegensätze. Das Handy hat auch in vielen Städten und Klöstern Einzug gehalten. Tibetische Jugendliche verabreden sich heute in den urbanen Gebieten per SMS.

DER MYTHOS TIBET

Tibet war bis in die Mitte des vergangenen Jahrhunderts das schon sprichwörtliche „verbotene Land". Die höchsten Gebirge unserer Erde trennen das „Land des Schnees" vom Rest der Welt. Im Süden bilden die Eisriesen des Himalajas eine natürliche Grenze. Im Westen erheben sich die Berge des Karakorum und im Norden erstreckt sich das mächtige Gebirge des Kunlun, das das tibetische Hochland von den gewaltigen Wüsten Innerasiens trennt. Tibets Herrscher mussten keine Mauern errichten, um ungebetene Gäste fernzuhalten. Eine feindselig scheinende Natur in extremer Höhenlage von durchschnittlich 4000 Metern war ihr Verbündeter.

Nur wenigen Entdeckern, Eroberern und Abenteurern der westlichen Hemisphäre war es vergönnt, jenen Teil vom „Dach der Welt" zu betreten, der zu Tibet gehörte. Erst Mitte des 17. Jahrhunderts, mehr als 150 Jahre nach der Entdeckung Amerikas, gelangte der österreichische Jesuit Johannes Grueber als erster Europäer nach Tibet. An Spekulationen und Gerüchten über Tibet hat es freilich nie gemangelt. Schon Herodot und Ptolemäus vermuteten ein Amazonenreich oder Gold grabende Ameisen im Himalaja.

In der Vorstellung des Mittelalters hausten dort Kannibalen oder gar ein mythischer Christenkönig namens Johannes, der sich die Einwohner im „Land des Schnees" untertan gemacht hatte. Auch Marco Polo berichtet über das sagenhafte Land „Thebeth", ohne dort gewesen zu sein.

Wer nach Tibet aufbrach, sah sich mit den unsäglichen Strapazen einer oft Monate oder Jahre dauernden Anreise konfrontiert. Und war er tatsächlich angekommen, wurde er meist von einer notorisch misstrauischen und fremdenfeindlichen Bevölkerung zurückgetrieben. Prominentestes „Opfer" tibetischer Abschottungspolitik war Sven Hedin, der berühmte schwedische Asienforscher, dem es, trotz mehrerer Groß-Expeditionen ins „Verbotene Land", nie gelang, die heilige Stadt Lhasa zu besuchen.

Linke Seite:
Oben:
Unverrückbare Herausforderung für viele rekordsüchtige Bergsteiger ist der Mount Everest. Mit seinen 8850 Metern Höhe liegt er genau im Grenzgebiet zwischen Tibet und Nepal. Die Einheimischen nennen den Berg Chomolungma – „Göttinmutter des Landes".

Unten:
Diesen wunderbaren Blick über die goldenen Dächer des Potala konnten die Dalai Lamas früher täglich genießen. Vom gelben Teil des Palastes, dem Wohnsitz der Gottkönige, ist es nur ein kurzes Stück bis zum zentralen roten Teil, der die sakralen Räume beherbergt. Der gesamte Palast wird von kühnen und eindrucksvollen Dachkonstruktionen gekrönt.

Obwohl der Potala seit der Flucht des Dalai Lama im Jahr 1959 verwaist ist, bitten die Einheimischen noch immer um seine Rückkehr. Am Morgen werden auf dem Berg Chagpori Opferfeuer entfacht. Nach wie vor umkreisen viele Tibeter das Areal als Zeichen des Respekts und der Verehrung.

Und doch wäre es zu einfach, den Mythos Tibet nur mit den Berichten Marco Polos, Sven Hedins oder Alexandra David Néels, einer Französin, die 14 Jahre in Tibet als Buddhistin lebte, zu erklären. Ihre Geschichten legten die Grundlage; entstanden ist er jedoch, wie jeder Mythos, in den Köpfen der Menschen, die das „Dach der Welt" als eine ideale Projektionsfläche für ihre eigenen Sehnsüchte und Wünsche auffassten. Nur dort, versteckt hinter den Eismauern des Himalajas, konnte es liegen, das mystische Traumland Shangri-La, ein Paradies auf Erden, unberührt vom Chaos und Konsumdenken einer übersatten Wohlstandswelt. Tibet als Symbol des Guten und als Hort der Weisheit und Ort der Sinnfindung.

Spätere Tibetreisende wie Heinrich Harrer, Ernst Schäfer oder Anagarika Govinda gaben mit ihren Erzählungen dem Mythos weiter Nahrung. Ihre Bücher haben bis heute nichts von ihrer Faszination verloren und lesen sich wie spannende Abenteuerberichte.

Der Buddhismus als zentrales Weltbild der Tibeter

Gleichwohl vermitteln die frühen Reisenden ein Bild des alten Tibets vor dem Einmarsch der Chinesen. Bis 1950 war das Leben der Menschen im Buddhismus tibetischer Prägung verwurzelt. Eingeführt vom tibetischen König Songtsen Gampo, wurde der Buddhismus im 8. Jahrhundert unserer Zeit durch den großen indischen Magier, Gelehrten und Tantriker Padmasambhava, der auf Einladung des späteren Königs Trisong Detsens in Tibet weilte, verbreitet. Dabei war es Padmasambhava gelungen, die mächtigen Naturgeister und Götter, die von den Anhängern der vormaligen animistisch-naturalistischen Bön-Religion verehrt wurden, durch Eid zu binden und sie sogar als Schutzmächte in das buddhistische Pantheon zu integrieren. Wenn man heute ein tibetisches Kloster betritt, stehen an den Eingängen oftmals furchterregende Statuen mit fratzenhaften Gesichtern – Abbildungen eben jener Naturgottheiten, die jetzt als Wächter des Glaubens fungieren.

Der Buddhismus ist weniger eine Religion als vielmehr eine Philosophie, die man nicht einfach annimmt, sondern die es zu leben gilt. Mitgefühl, Sanftmut und Toleranz sind wesentliche Botschaften einer Lebensweise, die auch im Westen in den letzten Jahren immer mehr Anhänger gefunden hat. Im Namen Buddhas wurden nie Kriege geführt, keine Menschen auf den Scheiterhaufen geworfen oder Bücher verbrannt.

Im Zentrum steht Dharma, die mit Wahrheit gleichgesetzte Lehre des Buddha. Nach seiner Erleuchtung unter dem Bodhibaum in Gaya (Indien) verkündete er die Vier Edlen Wahrheiten; die spirituelle Grundlage für jeden Buddhisten. Im Kern wird die Erkenntnis formuliert, dass nichts auf der Welt beständig ist. Auf der Welt sein heißt: Leiden erfahren, sei es durch Alter, Krankheit oder Trennungsschmerz. Ursache des Leidens, so erkannte Buddha, sind Gier, Hass und Unwissenheit.

Erlösung findet nur, wer dies erkennt und den Achtfachen Pfad des Buddhas befolgt. Wer sich im rechten Sehen, Denken, Reden und Handeln, im rechten Lebenswandel, Streben, Gedenken und im rechten Sichversenken übt, kann Gier, Hass und Unwissenheit überwinden und so den ewigen Kreislauf von Leid und Wiedergeburt durchbrechen. Jeder kann den Zustand der Leidfreiheit, den Eintritt ins Nirwana erlangen.

Dabei gibt es im Buddhismus keinen Gott, der die Erlöserrolle übernimmt. Alles unterliegt dem Gesetz von Ursache und Wirkung. Diese buddhistische Vorstellung eines Kausalgesetzes wird Karma genannt. Das heißt, ein Buddhist kann durch entsprechende Lebensführung sein künftiges Schicksal positiv oder negativ beeinflussen.

In Tibet entstand im Laufe der Jahrhunderte eine lamaistische Theokratie. Dabei kam dem Lama (Tibetisch, „Führer auf dem Weg zur Erleuchtung“) als Mittler auf einem tantrisch geprägten Heilsweg die zentrale Bedeutung zu. Er führt die Menschen auf ihrem Weg heraus aus Samsara, dem selbst verschuldeten Kreislauf von Leid und Wiedergeburt, damit sie im Nirwana Erlösung von allem Leid erfahren. Die Basis des Tibetischen Buddhis-

Oben:
Mit furchterregenden Masken schmücken sich die Tänzer bei den berühmten tibetischen Klosterfesten. Oftmals werden Gottheiten aus vorbuddhistischer Zeit dargestellt, die im Laufe der Zeit in den buddhistischen Pantheon eingegliedert wurden und heute als „Wächter der Lehre“ fungieren.

Mitte:
Für Ausländer ist die Vielzahl von Gottheiten, historischen Persönlichkeiten und Fabelwesen in den tibetischen Klöstern verwirrend. Im Yumbhu Lhakang, dem „Schloss in den Wolken“, in Zentraltibet wird unter anderem der erste tibetische König Nyatri Tsenpo dargestellt, der seine angeblich himmlische Herkunft mit dem nach oben weisenden Zeigefinger andeutet.

Links:
Mit ein bisschen Glück erlebt der Tibetreisende eine Puja im Innenhof des berühmten Jokhang-Tempels in Lhasa. In Vorbereitung der religiösen Zeremonie wurden große Statuen aus Butter und Tsampa-Teig geformt. Die rituellen Opferkuchen sollen die Götter gnädig stimmen.

Seine Heiligkeit der 14. Dalai Lama bei einer Pressekundgebung im indischen Dharamsala, dem Sitz der tibetischen Exilregierung. Er ist der unumstrittene geistige und weltliche Führer Tibets, obwohl er schon vor Jahren die Regierungsgeschäfte einer demokratisch gewählten Volksvertretung übergeben hat.

mus bilden die Lehren des Mahayana (Sanskrit, „Großes Fahrzeug"), die die Erkenntnis von Samsara, Nirwana und dem Bodhisattva-Ideal – nicht aus eigennützigen Gründen, sondern zum Wohle aller Lebewesen nach Erleuchtung zu streben – beinhalten, sowie die meditativen und rituellen Praktiken des Vajrayana (Sanskrit, „Kleines Fahrzeug"), wobei Erleuchtung durch die Anwendung spezieller yogischer und meditativer Praktiken erlangt wird. Diese beiden ‚Fahrzeuge' wurden durch Gelehrte immer weiter ausgebaut, interpretiert und kommentiert. Verschiedene Strömungen, Richtungen und Schulen entstanden, die durchaus auch Machtkämpfe untereinander austrugen. Zum Ende des 16. Jahrhunderts wurde die Schule der Gelugpa (Tibetisch, „Die Tugendhaften") zur einflussreichsten religiösen Strömung des alten Tibets. Ihr bekanntester Vertreter ist auch heute noch der Dalai Lama, der religiöse und weltliche Führer Tibets.

AUTONOMIE – JA ODER NEIN?

Nach der gewaltsamen Besetzung Tibets gab es anfangs Versuche der tibetischen Regierung, sich mit den neuen Machthabern in Tibet zu arrangieren. Der Dalai Lama ging nach Peking, um Mao Zedong persönlich zu treffen. Er wollte ausloten, wie man sich Tibet unter chinesischer Verwaltung vorzustellen hätte. Enttäuscht und desillusioniert kehrte er von dieser Reise zurück. An eine erhoffte Autonomie Tibets war nicht zu denken. Mao Zedong sah in der für die Tibeter so wichtigen Religion das „Opium des Volkes".

Schon kurz nach der Flucht des Dalai Lama im Jahr 1959 ins indische Dharamsala begannen die Tibeter im Exil Widerstand gegen die Besatzung ihrer Heimat zu organisieren. Von Anfang an wurde dabei großer Wert auf friedliche Aktionen gelegt. Man knüpfte internationale Verbindungen und regte den Aufbau eines Netzwerkes nichtregierungsgebundener Unterstützergruppen an. Ziel dieser Gruppen ist vor allem Aufklärung über und friedlicher Protest gegen die Zustände in Tibet. Außerdem wird um finanzielle Unterstützung zum Beispiel für die tibetischen Kinderdörfer gebeten.

Vor allem aber ist es dem unermüdlichen Wirken des Dalai Lama zu verdanken, dass das „Tibetproblem" heute überhaupt noch im Bewusstsein der Öffentlichkeit ist. Seine Person hat im Westen Kultstatus erreicht. Nur Popstars oder Sportler erfahren hierzulande eine ähnliche Verehrung wie der Mann, der seit Jahrzehnten um die Welt reist, sich mit Regierungschefs trifft, Vorlesungen an Universitäten hält und auf Meetings spricht, wo ihm Tausende zuhören. Sein Ziel: das Schicksal seines Volkes nicht in Vergessenheit geraten zu lassen, Toleranz und Friedfertigkeit zu üben. Für sein Wirken wurde ihm 1989 der Friedensnobelpreis verliehen.

Schwieriger und um ein Vielfaches gefährlicher ist der Protest der Menschen in Tibet. Wer dort den Mut zeigt, öffentlich die Unabhängigkeit Tibets zu fordern, riskiert Verhaftung und Repressionen. Trotzdem gab es auch in jüngerer Vergangenheit immer wieder Unruhen und Protestkundgebungen gegen die chinesische Fremdbestimmung, die die Demonstranten oft mit ihrem Leben bezahlen mussten. Schon in der Zeit der Kulturrevolution wurden Menschen systematisch wegen ihres Glaubens und ihrer Loyalität zum Dalai Lama gefoltert und umgebracht. Unvergessen auch die Bilder des Aufstandes von 1987, als Mönche und Zivilisten in Lhasa gegen die Fremdherrschaft protestierten. Und auch die Unruhen in vielen Teilen Tibets, die im März 2008 begannen, zeugen vom verzweifelten Mut vieler Einheimischer, die sich gegen die systematische Unterdrückung und ihre Behandlung als Menschen zweiter Klasse im eigenen Land auflehnen.

Hier knüpfen auch die Forderungen des Dalai Lama an. Sie sind klar formuliert und seit vielen Jahren in diversen Publikationen nachzulesen. Ihm geht es um Eigenbestimmung für die Tibeter, aber nicht um Abspaltung von China, wie von offizieller chinesischer Seite immer wieder kolportiert wird. Wichtig sind für den Dalai Lama vor allem die Möglichkeit der freien Religionsausübung und der Schutz sowie die Wahrung der kulturellen Identität Tibets.

Von offizieller chinesischer Seite lässt man sich seit Jahren nicht auf diese minimalen Forderungen ein. Jegliche Form des Protestes und jegliche Autonomiebemühung wird von Anfang an im Keim erstickt. Über die Gründe ist viel spekuliert worden. Neben der Ausbeutung von Bodenschätzen und der Erschließung von neuem Lebensraum für das überbevölkerte China scheint auch folgende Erklärung plausibel zu sein: Die Tibeter sind im Vielvölkerstaat China nur eine von 55 nationalen Minderheiten. So gibt es beispielsweise das acht Millionen starke Volk der Uiguren, wie die moslemischen Einwohner Ostturkestans genannt werden, oder die mongolstämmigen

Ganz Links:
Als Höhepunkt ihres Besuches sehen viele Tibetreisende die Begegnungen mit Einheimischen. Vom Wesen her sind die Tibeter heiter, freundlich und äußerst gastfreundlich.

Links:
Heute noch sieht man Einheimische, die die Strecke ihrer Pilgerschaft mit ihrem Körper ausmessen. Ziel dieser buddhistischen Übung ist es, sich von jeglicher Form der Anhaftung zum Beispiel an materiellen Besitz auf physische Art zu befreien.

Oben:
Mächtig ragen die Mauern des Klosters Drepung bei Lhasa empor. Drepung heißt übersetzt so viel wie „Reishaufen". Es ist neben Sera und Ganden eine der drei berühmten Klosteruniversitäten der Gelugpa, „der Gelbmützen".

Einwohner der inneren Mongolei (circa drei Millionen Menschen), deren Gebiete, ähnlich wie das der Tibeter, teilweise gewaltsam in das größere chinesische Territorium integriert und von Han-Chinesen (mit über 91 Prozent die größte Bevölkerungsgruppe Chinas) überschwemmt wurden. Würde man den Tibetern, einer dieser ethnischen Minderheiten, Sonderrechte zugestehen, könnte das zu Unruhen und einem nicht mehr kontrollierbaren Flächenbrand in China führen.

Rechts:
Wie in Urzeiten werden im Frühjahr die Felder Zentraltibets von Hand bestellt. Einzig die legendären Yaks sind eine genügsame Hilfe. Geerntet wird im August.

Ganz rechts:
Tibetische Nomaden leben nicht nur in Zelten. Wo die Herden für längere Zeit gute Weide finden, wurden feste Behausungen errichtet. Diese sind einfacher ausgestattet als die gedrungen wirkenden typisch tibetischen Häuser der Bauern aus gestampftem Lehm.

Oben:
Geselligkeit wird bei den Tibetern großgeschrieben. Schon am frühen Nachmittag treffen sich die Einwohner eines Dorfes in Zentraltibet zu einem Schwatz. Die Schalen sind mit Chang (tibetisches Gerstenbier) oder mit Tee gefüllt und werden, bevor sie leer sind, nachgefüllt.

Um etwas Erfreuliches zu vermelden: In den letzten 20 Jahren konnten in Tibet über 2000 der während der chinesischen Kulturrevolution zerstörten Klöster wieder aufgebaut werden. In Osttibet spricht man mitunter sogar von einem wahren „Klosterboom". Und in den ländlichen Gebieten spürt der aufmerksame Reisende, dass die traditionelle tibetische Lebensweise und Kultur offenbar noch intakt sind. Die Menschen haben sich notgedrungen mit den herrschenden Verhältnissen arrangiert. In einigen Randgebieten Tibets ist eine zunehmende Vermischung chinesischer, tibetischer, muslimischer und westlicher Einflüsse zu beobachten. Hier hat es auch nie eine strikte Trennung von Tibetern und Chinesen gegeben. Seit Jahrhunderten fand ein kultureller und geistiger Austausch zwischen den beiden Völkern statt. Deutlich wird dies in der Architektur der Klöster Labrang und Kumbum, deren kühne Dachkonstruktionen tibetische und chinesische Elemente vereinen.

Es sind die Gemeinsamkeiten der benachbarten Völker, die der Dalai Lama betont. Der Friedensnobelpreisträger wird nicht müde, für eine Versöhnung und ein friedliches Nebeneinander von China und Tibet auf der Grundlage gemeinsam ausgehandelter Verträge einzutreten.

Beide Länder befinden sich in einem Prozess gewaltiger Veränderungen. Für den Reisenden mag das Tempo dieser Umwälzungen an manchen Orten erstaunlich sein. Gleichzeitig wird er Landschaften und Orte finden, in denen die Zeit stehen geblieben scheint.

DER ALLTAG IN TIBET

Trotz der rücksichtslosen und rasanten gesellschaftlichen Umwälzung in Tibet spielt auch heute noch für die meisten Einheimischen die Dorfgemeinschaft die wichtigste Rolle. Oft haben sich mehrere große Familienverbände zusammengetan, um das Land zu bewirtschaften. Von jeher hatten die Frauen den Hauptteil der Arbeit

zu tragen; sie kümmerten sich um die Familie und förderten so ihren sozialen Zusammenhalt, was zu einer starken und geachteten Stellung der Frau in der Gesellschaft führte.

Wo es Land und Witterungsbedingungen zulassen, betreiben die Bauern Ackerbau in Mehrfelderwirtschaft mit einer festgelegten Fruchtfolge. Wie in alten Zeiten werden Gerste, Erbsen, Buchweizen, aber auch Hirse, Rüben oder Rettich von Hand angebaut. Beim Pflügen sind selbst heute noch die Yaks, die einen einfachen Holzpflug ziehen, unentbehrlich. Während in den Dörfern viele Tibeter Selbstversorger sind, verdienen sich andere ihren Lebensunterhalt in den traditionellen Handwerkszweigen wie Teppichknüpferei und Weberei sowie in einigen Betrieben der Metall-, Holz- und Lederverarbeitung im Gebiet um Lhasa. Die Nomaden, ihr Reichtum wird an der Größe ihres Viehbestandes gemessen, können das Fleisch ihrer Tiere gewinnbringend in die Nachbarländer verkaufen. Vor allem die legendären Yaks und Dris (die Weibchen) und die Dzos (die unfruchtbare Kreuzung aus Yak und Rind) sind an das tibetische Klima mit Wintertemperaturen bis minus 40 Grad Celsius hervorragend angepasst. Sie liefern Fleisch, Wolle, Fett, Milch und Felle. Ihr Mist dient im holzarmen Tibet als Heizmaterial. Sie können Lasten in unwegsames Gelände bis in Höhen von über 5000 Meter tragen. Außerdem werden Schafe, Ziegen und Pferde gezüchtet. Trotz der räumlichen Isolation führten schon immer vereinzelte Handelswege ins Ausland, auf denen tibetisches Salz nach Indien gebracht wurde. Auch die legendäre Seidenstraße streift die Nordgebiete des historischen Tibets. Tibeter sind geschickte Händler, die es verstehen, ihre Waren an den Mann zu bringen.

Liest man in den Berichten und Überlieferungen der frühen Reisenden, werden die Tibeter oft als abweisend oder sogar als feindlich beschrieben, was in der allgemeinen Staatsdoktrin begründet war. Sie verbot einem Tibeter unter Strafandrohung, Ausländern den Zugang nach Tibet zu erleichtern.

In ihrem Wesen aber sind die Tibeter äußerst gastfreundliche und warmherzige Menschen. Ihre Offenheit, Herzlichkeit und Heiterkeit sind beinahe sprichwörtlich, und nicht zuletzt trägt auch dies zur Faszination Tibets bei.

Menschen in Tibet sind permanent extremen Witterungseinflüssen ausgesetzt. Wind, Trockenheit, große Temperaturunterschiede und vor allem die ungefilterte Höhensonne lassen die Haut der Einheimischen oft vorzeitig altern.

Seite 26/27:
Mit einer Fähre setzen Besucher und Einheimische zum Kloster Samye über. Heute sind die Boote mit Benzinmotoren ausgestattet. Früher war die Fahrt über den Tsangpo in mit Yakhaut bespannten Ruderbooten ein anstrengendes Abenteuer.

Ü-TSANG – ZENTRAL- UND SÜDTIBET

Zentral- und Südtibet umfassen große Gebiete der ehemaligen tibetischen Provinz Ü-Tsang. Heute ist das Territorium zum großen Teil identisch mit der Autonomen Region Tibet. Hier befinden sich die wichtigsten Attraktionen des Landes. Allein die Umgebung der Hauptstadt Lhasa bietet so viele Sehenswürdigkeiten, dass eine Reise nicht ausreicht, um alles zu sehen. Leider ist aus Lhasa inzwischen eine gesichtslose chinesische Stadt geworden. Moderne Hotels, Kaufhäuser und Glitzerfassaden dominieren. Alttibetische Inseln im neuen Lhasa sind der Potala, der Jokhang-Tempel und der Barkhor, der Norbulingka-Palast sowie die berühmten Gelugpa-Klöster Sera, Ganden und Drepung am Rande der Stadt.

Seite 28/29:
Nur außerhalb der Monsunzeit ist die Klosteranlage von Tholing im Königreich Guge in Westtibet zu besuchen. Tief hat sich der Sutlej in die Landschaft eingegraben. Entlang des Flusses entstand ein zerklüftetes Canyongebiet von einzigartiger Schönheit.

Egal von welchem Ort aus man das Tal von Lhasa überschaut: Der Potala dominiert die Szenerie. Bis zu fünf Meter dicke Mauern schützen die Schätze und Kostbarkeiten in seinem Inneren. Im Potala soll es 999 Räume geben, die sich auf 13 Stockwerke aufteilen.

Von den Touristen unerwartet sind vielleicht die angenehmen Mittagstemperaturen um 20 Grad Celsius in den Hauptreisemonaten Mai bis September. Zentraltibet liegt im Durchschnitt „nur" in einer Höhe von 3700 Metern und ist nicht so rau und unfruchtbar wie andere Landesteile.

Außerhalb Lhasas beginnt das braune Hügelland Tibets mit vielen interessanten Klöstern und geschichtsträchtigen Orten.

Schöne Tagestouren führen zum Nam Tso Chukmo, dem Himmelssee, auch bei den Tibetern ein beliebter Ausflugsort, oder zum ältesten Kloster des Landes, nach Samye. Seltener besucht, aber nicht minder spektakulär sind das Tal von Tsetang mit den berühmten Königsgräbern und dem Yumbu Lhakang, dem „Schloss in den Wolken". Und dann gäbe es ja noch die Anlagen von Drigung Til, das Kloster Tsurphu …

Gompa, das tibetische Wort für Kloster, bedeutet eigentlich „abgelegener Ort". Tatsächlich existieren auch in den entferntesten oder verstecktesten Ecken des Landes Tempel, Klöster, Einsiedeleien oder Meditationsstätten. Oft sind es gerade die kleinen Anlagen, die einen ganz besonderen Charme entfalten, eine ganz spezielle Aura. Empfohlen sei an dieser Stelle der Besuch des Klosters Shalu oder der Anlage von Mindroling.

Oben:
Die Kopfbedeckung der Tibeter hat nicht nur modische Funktion. Der Hut schützt gegen die oft extreme Sonne und den allgegenwärtigen Staub.

Mitte:
Wälder findet man in Zentral-tibet nur an wenigen Stellen. Eine Oase mit alten Wacholderbäumen befindet sich oberhalb des Klosters Rateng (Reting). Die Anlage liegt auf einem Hügel über dem Kyichu-Fluss. Pilger bitten den Besucher manchmal, ihnen einen Zweig aus Rateng mitzubringen.

Ein Tipp für Reisende, die nicht nur das Standardprogramm absolvieren wollen, ist der Ausflug nach Reting, am gleichnamigen Fluss. Das Kloster selbst wurde in den Sechzigerjahren stark zerstört. Bis heute ist es noch nicht annähernd wieder aufgebaut. Der nahe gelegene Nadelwald mit seinen schönen alten Wacholdersträuchern zeigt Impressionen, wie Zentraltibet vor der Abholzung der alten Bäume ausgesehen haben mag. Tatsächlich waren auch weite Gebiete Zentraltibets mit Wald bestanden, bevor dieser (ohne Wiederaufforstung) von chinesischen Holzunternehmen vernichtet wurde.

DER HIMALAJA IN SICHTWEITE

Die klassische Reiseroute durch Zentraltibet führt vorbei am türkisfarbenen Yamdrok Tso, über Gyantse nach Shigatse, der zweitgrößten Stadt des Landes. Unterwegs bieten sich immer wieder Ausblicke auf die Eisriesen des Himalajas.

Gyantse konnte einiges vom Charme alter tibetischer Städte bewahren, obwohl die Klosteranlage, für die die Stadt einst berühmt war, noch immer zerstört ist. Allein der berühmte achteckige Stupa und einige weitere Gebäude erstrahlen wieder in ihrer ganzen Pracht.

Das Kloster Tashilhunpo in Shigatse ist eigentlich der Sitz des Panchen Lama, eines hohen Würdenträgers der in Tibet dominierenden Gelugpa-Schule. Leider residiert heute in Shigatse kein Panchen Lama mehr. Der nach traditionellen Riten bestimmte und vom 14. Dalai Lama anerkannte 11. Panchen Lama Gedhun Choekyi Nyima wurde 1995 von chinesischen Sicherheitskräften entführt. Niemand weiß über seinen Verbleib Bescheid. Stattdessen haben die Parteikader

einen eigenen, chinatreuen Panchen Lama – einen Funktionärssohn –, der heute in Peking residiert, inthronisiert. So will man sich Einfluss zum Beispiel auf die Wiederauffindung des nächsten Dalai Lama (daran ist der Panchen Lama traditionell beteiligt) sichern. Von den meisten Tibetern wird dieser Panchen Lama nicht anerkannt.

Das Kloster Tashilhünpo ist eine gewaltige Anlage, die schon von Sven Hedin beschrieben wurde. Leider ist aus der heutigen Götterburg das Leben verschwunden. Der Rundgang gleicht eher dem Besuch eines Museums.

Interessanter sind die Abstecher von Shigatse in Richtung Süden: abenteuerliche Reisen zu den Bergen des Himalajas. Tagelang quält sich der Geländewagen durch tiefe Täler, über schwindelerregend hohe Pässe und entlang türkisfarbener Seen auf den „Highways" Tibets. Wunderschön, aber nichts für schwache Nerven. Und endlich scheinen sie fast zum Greifen nahe: Die über achttausend Meter hohen Eisriesen des Himalajas: Cho Oyo, Shisha Pangma und natürlich Chomolungma, wie die Tibeter den 8850 Meter hohen Mount Everest nennen. Mächtig und breitschultrig erhebt sich seine Pyramide. In Tibet ist es möglich, mit Fahrzeugen bis in sein Basislager zu fahren, um die Expeditionen zu beobachten, die sich mit dem Berg der Berge messen wollen. Atemberaubend auch die Fahrt auf der Piste nach Kodari durch die Bergkette des Himalajas bis in die Hauptstadt Nepals nach Kathmandu. Die Ausreise über den Landweg ist heute eine beliebte und spektakuläre Art und Weise, um sich aus Tibet zu verabschieden.

Links oben:
Für die Einheimischen ist der Mount Everest der Sitz der Göttin Tseringma. Dem Treiben der Bergsteiger stehen die Tibeter mit Unverständnis gegenüber. Nie würden sie auf die Idee kommen, diesen Berg besteigen zu wollen.

Links:
Der Nam Tso liegt auf 4700 Metern und ist Tibets höchstgelegener Salzwassersee. Die kleine Gompa Tashidor, unterhalb des Aufnahmestandortes, ist ein beliebtes Ausflugsziel der Lhasa-Tibeter. Leider sind die Ufer durch Überweidung stark versteppt.

Oben:
Am Fuß des Potala lag einst der Verwaltungsbezirk Lhasas. Die Gebäude wurden schon vor Jahren abgerissen und der riesige „Platz des Volkes" angelegt. Heute finden auf der riesigen Freifläche Propagandaveranstaltungen und Paraden der Chinesen statt.

Rechts:
Mittlerweile gibt es mehr Chinesen in Lhasa als Tibeter. Mit Steuererleichterungen und diversen anderen Anreizen wurden Hunderttausende Han-Chinesen vor allem in die Städte Tibets gelockt. Der ungezügelte Zuzug geht auch heute noch weiter.

Links:
Die Dachkonstruktionen des Potala gelten heute als Inbegriff vollendeter tibetischer Architektur. Größe, Proportionen, Farbe und Ornamentik formen ein beeindruckendes Ganzes.

Unten:
Über eine gewaltige Treppe gelangte man früher in den Potala. Sie wird heute nur noch selten genutzt. Der Besuchereingang befindet sich auf der Rückseite des Palastes.

Rechts:
Bis in die Mitte des vergangenen Jahrhunderts blieben die Türen des Potala für die meisten Tibeter verschlossen. Der Dalai Lama lebte weitgehend abgeschirmt vom normalen Alltag. Heute werden gegen Entgelt Führungen durch den Palast angeboten.

Unten:
Ein wunderbar gearbeitetes, dreidimensionales Kalacakra-Mandala ist nur eine der vielen Kostbarkeiten im Potala. Mandalas stellen den Palast oder die Daseinssphäre von Gottheiten dar, die der Meditierende im Geist versucht zu visualisieren. Sie haben noch viele andere Bedeutungen.

Oben:
Sagenhaft sind die Schätze in den unzähligen Kammern und Sakralräumen, die sich hinter den Türen verbergen. Vergoldete und mit Perlen und Juwelen besetzte Reliquienschreine, Thangkas, Bücher und Statuen von unschätzbarem Wert machen den materiellen und spirituellen Reichtum des Potala aus.

Links:
Ein Blick in die Privaträume des Dalai Lama im Roten Palast des Potala war früheren Pilgern nicht vergönnt. Die Anordnung der Gegenstände wurde so belassen wie zum Zeitpunkt der Flucht des Dalai Lama im Jahr 1959.

Unten:
Der Jokhang ist der heiligste Tempel Tibets und das Nationalheiligtum. Er wurde im 7. Jahrhundert unter dem König Songtsen Gampo erbaut. Vier prächtige Kupferdächer, die mit Blattgold belegt wurden, schmücken das Gebäude.

Rechts oben:
Der Jobo Shakyamuni im Jokhang-Tempel ist die wichtigste Statue Tibets. Sie zeigt ein Abbild des historischen Buddha, des „Weisen aus dem Geschlecht der Shakya".

Rechts Mitte:
Tibetische Tempel sind mit einer Vielzahl von Schmuckelementen verziert. Besonders beliebt sind die acht Glückssymbole des Buddhismus: Schirm, Vase, Fische, Meeresschnecke, Siegesbanner, endloser Knoten, Lotos, Rad der Lehre.

Rechts unten:
Aus Kupfer gefertigte und vergoldete Gebetsmühlen sind entlang der Wände innerhalb des Jokhang-Tempels angeordnet. Bei ihrer Rotation um die eigene Achse vervielfältigen sich die eingestanzten Gebete.

Seite 40/41:
Hunderte Butterlampen erhellen den Dukhang – die Versammlungshalle – in Lhasas Jokhang-Tempel. Der Dukhang ist zugleich der meist zentral gelegene Hauptgebetsraum eines Klosters, in dem die Mönche täglich Zeremonien oder Gebete abhalten.

Rechts:
Seit Urzeiten existieren in Lhasa drei konzentrische Pilgerrouten. Die innerste Route, Nangkhor (hier abgebildet), umfasst einen Rundgang im Innenhof des Jokhang-Tempels. Die mittlere Route ist identisch mit dem Barkhor. Die äußerste Route, Lingkhor, beschreibt die ehemaligen Stadtgrenzen.

Unten:
Besonders schön ist der Besuch des Jokhang am frühen Morgen. Der Rauch der Herdfeuer aus der Altstadt hüllt die Dächer ein, allerlei Fabelwesen zieren die Dachfirste.

Oben:
Aus allen Landesteilen kommen Tibeter, um dem Jobo Shakyamuni ihre Referenz zu erweisen. Nur das Licht der Butterlampen erhellt den Raum. Kaum einer, der sich dem Zauber dieser Atmosphäre entziehen kann.

Links:
Schon früh am Morgen beginnen Gläubige mit Niederwerfungen vor dem Haupttor des Jokhang-Tempels. Durch ihre Bewegungen sind die Steine an vielen Stellen blank gescheuert. Mit dieser buddhistischen Übung werden Demut und Verehrung ausgedrückt.

Oben:
1793 grassierte eine Pockenepidemie in Tibet. Auf der Pockenstele (vorne links) wurde die Bevölkerung von Lhasa vor der Krankheit gewarnt. Vorsichtsmaßnahmen wurden empfohlen. In der Annahme, dass die Stelen selbst ein Heilmittel seien, wurden von den Einheimischen kleine Stücke aus dem Stein herausgeschlagen und als „Arznei" verzehrt.

Rechts:
Das Leben der Tibeter findet heute vor allem am Barkhor, in der Altstadt Lhasas, statt. Dort wird auch gehandelt und gefeilscht. Die Tibeter sind geborene Händler. Entlang des Rundweges wird angeboten, was sich verkaufen lässt. Wenn es sein muss, kommen auch Uniformjacken der chinesischen Armee in die Auslage.

Oben:
Der Barkhor ist ursprünglich der mittlere Umrundungsweg um Tibets wichtigstes Heiligtum, den Jokhang oder Lhasa-Tsuglakhang. Hier liegt das Herz Tibets. Um keinen anderen Tempel ranken sich so viele Sagen und Mythen wie um diesen wunderbaren Ort.

Links:
Minutenlang verharrt diese Frau im Gebet vor dem Eingangstor des Jokhang-Tempels. Der Trubel auf dem Vorplatz des Heiligtums scheint sie in ihrer Konzentration nicht zu stören. Ausländer überrascht immer wieder das enge Nebeneinander von Gebet und alltäglichem Leben im Tempelbezirk.

Aus allen Teilen des Landes kommen Pilger, um dem Jobo Shakyamuni ihre Referenz zu erweisen. Dazu wird der Tempel im Uhrzeigersinn umkreist. Manche messen den Weg mit ihrem Körper aus. Nach buddhistischem Glauben erlangt derjenige große Verdienste für sein nächstes Leben, welcher diese Mühsal auf sich nimmt. Bestenfalls eine Lederschürze sowie selbstgebaute Handschoner bieten dem Körper unzureichenden Schutz.

Am Barkhor gilt auch das Motto: Sehen und gesehen werden. Die Tibeter sind vernarrt in ihren Schmuck. Besonders auffällig sind die Türkise und Korallen, die von Frauen (und auch Männern) in ihre Haare geflochten werden. Gleichzeitig ist das Areal um den Jokhang-Tempel ein Ort tiefster Religiosität und ein guter Platz für Menschenstudien.

KONSTRUKTION DER SUPERLATIVE –

DIE LHASA-B

Sie ist ein Bauwerk der Superlative: Die 1125 Kilometer lange Eisenbahntrasse, welche seit dem 1. Juli 2006 die chinesische Provinz Qinghai mit Lhasa verbindet, lässt sich nur mit Großprojekten wie dem Drei-Schluchten-Staudamm oder der Chinesischen Mauer vergleichen. Ihre Konstruktion und Fertigung verschlangen circa 3,3 Milliarden Euro. 675 Brücken wurden errichtet. Über 90 Prozent der Strecke liegen in einer Höhe von über 4000 Metern. Auf dem Tanggula-Pass erreicht die Bahn sogar 5220 Höhenmeter. An der Trasse liegen der höchste Bahnhof (5068 Meter) und der höchstgelegene Tunnel (4905 Meter) der Welt. Sogar an künstlichen Sauerstoff für die Passagiere hat man gedacht.

Oben:
Abgelehnt von den meisten Tibetern, bejubelt von den Chinesen: Die Tibet- oder Lhasabahn. Seit dem 1. Juli 2006 verbindet sie in nur zwölf Stunden den Ausgangspunkt Golmud mit der Hauptstadt Tibets. Autos oder Busse benötigen für dieselbe Strecke manchmal mehrere Tage.

Mitte:
Der Bau der Bahnstrecke verschlang Unsummen. Ein Viertel der Trasse musste aufwendig in Permafrost-Gebiet verankert werden.

Ein Viertel der Strecke musste in Permafrostboden verankert werden. Um die Bahn auch im Sommer, wenn die Oberfläche kurzzeitig auftaut, stabil zu halten, wurden Zehntausende Kühlstäbe ins Erdreich getrieben. Sie sollen eine gleichbleibende Temperatur gewährleisten. Die Fahrzeit von Golmud, dem Ausgangspunkt, nach Lhasa beträgt gerade einmal noch 12 Stunden. Früher benötigte man auf einer löcherigen Piste mehr als drei Tage. Die Bahn verbindet Peking mit Lhasa in 48 Stunden.

DAS ENDE DER ABGESCHIEDENHEIT

Trotz der technischen Meisterleistung ist die Bahn umstritten. Ökonomisch mache sie keinen Sinn,

rechnen ausländische Experten vor. Das Volumen an Fracht und Passagieren kann nie die enormen Baukosten wieder einspielen.

Vor allem bei den Tibetern ist sie nicht willkommen. Sie fürchten eine endgültige Überfremdung ihres Landes. Seit Jahren schon werden mit Steueranreizen und hohen Gehältern immer mehr arbeitssuchende Han-Chinesen ins Hochland gelockt, was zur Folge hat, dass es heute schon mehr Zuwanderer als Einheimische gibt. Der Raubbau an den natürlichen Ressourcen des Landes ist die größte Gefahr für den Teil vom „Dach der Welt", der zu Tibet gehört.

AHN

die Trasse wird auch in Zukunft der Fremdenverkehr zunehmen. Ob die Tibeter vom Ausbau des Tourismus profitieren, bleibt abzuwarten. Bis jetzt waren es noch immer hauptsächlich chinesische Unternehmen, die das Geschäft gemacht haben. Zurückzudrehen ist diese Entwicklung nicht. Im Gegenteil. Für die nächsten Jahre sind der Ausbau der Strecke nach Shigatse und sogar weiter bis an die Grenze zu Indien geplant. Die Lhasa-Bahn ist nur Teil eines milliardenschweren Entwicklungsprogramms, mit dem die chinesische Regierung die Randprovinzen fester ans Reich der Mitte binden will.

Oben links:
Die Bahnhöfe zeugen von der Bedeutung des ehrgeizigen Eisenbahnprojekts.

Oben:
Mittlerweile reisen 40 Prozent der Touristen Tibets mit dem „Himmelszug" nach Tibet ein. Die meiste Zeit bewegt sich der Passagier in einer Höhe zwischen 4000 und 5000 Metern. Wegen der dünnen Luft wird den Abteilen des Zuges, ähnlich wie im Flugzeug, Sauerstoff zugeführt.

GEFAHR ODER CHANCE?

Mit der Bahn sei es möglich, „den ökonomischen und kulturellen Austausch zwischen Tibet und dem Rest des Landes zu fördern und die Einheit der Nation zu stärken", argumentieren die Politiker in China. Die Tibeter hingegen sind der Auffassung, dass dies in Wirklichkeit ein einseitiger Transfer von China nach Tibet ist. Die Bahn wird dazu dienen, die Bodenschätze noch einfacher auszubeuten und abzutransportieren.

Fakt ist, dass mittlerweile über 40 Prozent der Touristen mit der Lhasa-Bahn einreisen. Durch

Oben:
Der Norbulingka am Rande der Altstadt von Lhasa ist der Sommersitz der Dalai Lamas. Tibets Gottkönige residierten hier lieber als im dunklen und düsteren Potala. In einer großen Prozession fand früher der Umzug vom Potala hierher statt.

Rechts:
Düster und unheimlich ist die Atmosphäre im Höhlentempel Dralha Lubuk im Zentrum Lhasas unweit des Potala. Der Ort wird als Meditationsstätte des Songtsen Gampo verehrt. An den Höhlenwänden findet man verschiedene Heiligen- und Buddhadarstellungen, von denen einige, der Legende nach, „aus sich selbst entstanden sind".

Oben:
Vor dem Einmarsch der Chinesen im Jahr 1951 lebten in Lhasa ungefähr 30 000 Menschen. Mittlerweile liegt die Einwohnerzahl im Stadtgebiet bei über 250 000. Über 70 Prozent der Einwohner sind heute Chinesen.

Links:
Um tibetische Gebete korrekt zu zelebrieren, bedarf es einer langen Ausbildung. Neben der genauen Abfolge und Aussprache werden erstaunliche koordinative Fähigkeiten verlangt. Der Rhythmus des Gebetes wird durch gleichmäßige Schläge mit einem sichelförmigen Stock auf die zweifellige Stieltrommel (Nga Chung) bestimmt. Dieser junge Mönch im Jokhang unterstreicht seine Gebete mit Mudras, rituellen Haltungen der Hände.

Oben:
Die Hauptversammlungshalle im Kloster Drepung wird von 184 Säulen getragen und bietet den Mönchen aller Fakultäten Platz. Drei Mal täglich versammeln sie sich zum Gebet.

Rechts:
Zwischen den Unterrichtsstunden und den Gebeten haben die einfachen Mönche in einem streng geführten Kloster wie Drepung nur wenig Muße. In ihrer spärlichen Freizeit müssen sie ihre Wäsche waschen und die Klausen sauber halten. Der Tag beginnt normalerweise um 4.00 Uhr und endet gegen 20.00 Uhr.

Seite 52/53:
Drepung gehört zu den drei großen Klosteruniversitäten des Gelugpa-Ordens, deren bekanntester Repräsentant der Dalai Lama ist. Ohne einen Lageplan läuft der Ortsunkundige Gefahr, sich in der riesigen Anlage zu verlaufen.

Links:
Der Rundgang durch das Kloster Drepung kann mehrere Stunden dauern. Die Wände sind mit interessanten religiösen Darstellungen verziert. Am besten lässt man sich deren Bedeutung durch die diensttuenden Mönche erläutern.

Unten:
Mehrere Stunden dauert die Morgenandacht im Kloster Drepung. In gegenüberliegenden Reihen mit Sitzflächen, die mit Teppichen bedeckt sind, sitzen die Mönche und murmeln mit sonoren Stimmen ihre Gebete. Je näher die Mönche am Altar beziehungsweise am Abt sitzen, desto höher stehen sie in der Klosterhierarchie.

Die Mönche der tantrischen Fakultät in Drepung halten ein Speiseopfer ab. In einer bestimmten Reihenfolge werden verschiedene Lebensmittel dem Feuer übergeben.
Auf einem erhöhten Sockelpodest sitzt ein festlich gewandeter Lama, der mit vier Mönchen die Opferzeremonie durchführt.

Assistiert wird ihm von einem Novizen, der die Speisen zu reichen hat und außerdem das Feuer unterhält. Unablässig murmeln die Mönche ihre Gebete. Unterstützt werden diese durch Mudras, rituelle Gesten und Haltungen der Hände. Der Lama hält in der rechten Hand den Vajra, das männliche Diamantzepter, als Zeichen des Absoluten und des Unzerstörbaren. Mit der linken Hand läutet er eine kleine Glocke, Gantha, die unter anderem das weibliche Prinzip und damit den Gegenpol zum Vajra symbolisiert.

Seite 58/59:
Bevorzugte Bauplätze für Klöster waren oft Felsplateaus an einem Berghang. Das Kloster Sera, am Rande Lhasas gelegen, wurde im Jahr 1419 gegründet. Zwischen den Klosterfakultäten von Drepung und Sera bestand schon immer eine Konkurrenz um die geistige Vorherrschaft in Tibet.

Oben:
Die Gänge und Wege innerhalb einer Klosteranlage sind oft labyrinthartig angelegt. Diesen Gang nutzen die Novizen, um zur Klosterküche zu gelangen. Während einer Zeremonie müssen sie die älteren Mönche mit Tee und Speisen versorgen.

Rechts:
Es gilt als äußert unhöflich, in tibetischen Tempeln die Schuhe anzubehalten. Der Tourist sollte es den Mönchen gleichtun und diese vor den Versammlungsräumen ausziehen. Achtung: Verwechslungsgefahr!

Links:
Bei den Andachten werden gleichzeitig die Mahlzeiten eingenommen. Als Energie- und Flüssigkeitsspender nehmen die Mönche Buttertee zu sich. Dieser wird oft mit Tsampa, geröstetem und gemahlenem Gerstenmehl, versetzt und zu kleinen Kügelchen geknetet. Tsampa ist das Hauptnahrungsmittel der Tibeter.

Unten:
Morgens, mittags und abends wird im Kloster Sera eine große Andacht abgehalten. Besonders am Morgen werden die großen ochsenblutfarbenen Mäntel nicht abgelegt. In den riesigen Versammlungsräumen gibt es keine Heizung.

Rechte Seite:
Das Kloster Ganden in Zentraltibet wurde während der Kulturrevolution fast völlig zerstört. Mittlerweile erstrahlen viele Gebäude wieder in ihrem alten Glanz. Im Juli versammeln sich Tausende Menschen, um ein großes Kloster- und Volksfest zu feiern.

Am Chörten von Ganden beginnt der vier Tage dauernde Treck von Ganden nach Samye. Diese wunderbare Wanderung durch alpine Landschaften ist nur akklimatisierten Besuchern zu empfehlen, da man zwei Pässe mit über 5000 Metern Höhe quert. Der Weg von Samye nach Ganden ist, weil es häufiger bergan geht, schwieriger.

Nach der kompletten Zerstörung Gandens ist neues Leben in der einstigen Klosterstadt eingezogen. Tausende Menschen sind mit Bussen, LKW oder zu Fuß gekommen, um den prächtigen Umzug nicht zu verpassen, mit dem die Mönche des Klosters ein großes Fest einleiten.

Kleine Bilder links:
Zu besonderen Anlässen werden riesige Thangkas wie hier im Kloster Ganden an extra dafür vorgesehenen Wänden heruntergelassen und für eine kurze Zeit den Besuchern des Klosterfestes gezeigt. Die Gläubigen überschütten als Zeichen der Verehrung dann das Bild mit Katas, den berühmten weißen Glücksschleifen.

Unten:
Unschwer zu erkennen: Das Kloster Ganden gehört zum Orden der „Gelbmützen", Tibetisch Gelugpa. Über mehrere Stunden zieht sich die Zeremonie hin. Besonders beliebt bei den Einheimischen sind die ausgiebigen Picknicks im Anschluss an den „offiziellen Teil".

REISE IN EIN VERBOTENES LAND – TIBETEXPEDIT

Bilder oben:
1904 bahnte sich Sir Francis Younghusband mit Militärgewalt einen Weg nach Lhasa. Im Ergebnis der blutigen Invasion wurden dem damaligen Dalai Lama ein Handelsvertrag mit den Briten sowie ein britischer Stützpunkt in Lhasa aufgezwungen.

Unten:
Sven Hedin in Gold, 1932 herausgegeben von der Schwedischen Gesellschaft für Anthropologie und Geologie.

Über Jahrhunderte isolierte sich Tibet freiwillig vom Rest der Welt. Fast ängstlich wachten Grenzposten darüber, dass kein Ausländer die Grenzen des Hochlandes überschritt. Zwar gab es schon im Mittelalter Versuche von Kundschaftern und Abenteurern, bis nach Tibet vorzudringen, doch nachweislich setzte erst der portugiesische Jesuitenpater Antonio de Andrade im Jahr 1624 als erster Europäer im kleinen Königreich Guge seinen Fuß auf tibetischen Boden. Drei Jahre später gelangten die Jesuitenpater Estevão Cacella und João Cabral nach Zentraltibet und 1661 schließlich schaffte es der aus Linz stammende Jesuitenpater Johannes Grueber bis nach Lhasa. Ihm verdanken wir die erste Darstellung des Potala.

Im Auftrag der „British East India Company“ reiste 1774 der schottische Buchhalter George Bogle nach Shigatse. Er sollte Handelsmöglichkeiten mit Tibet ausloten. Obwohl Bogle längere Zeit am Hofe des Panchen Lama verweilte, konnte er die Vorbehalte gegen Ausländer nicht ausräumen. Es sollte nie zu Handelsbeziehungen mit Europa kommen. Im Gegenteil: Tibet schottete sich noch stärker ab.

Mit Hilfe von Geheimagenten konnten die Engländer Ausgang des 19. Jahrhunderts Gebiete des tibetischen Hochplateaus vermessen. Die sogenannten Pandits waren des Tibetischen mächtig und fielen wegen ihrer asiatischen Herkunft nicht auf. Ihre Vorarbeiten waren 1904 der Younghusband-Expedition nach Lhasa von großem Nutzen.

ONEN

Im Ergebnis dieser Militärinvasion erhielten die Engländer die Möglichkeit, drei Handelsstationen in Tibet zu eröffnen.

Friedlich hingegen zog der große schwedische Asienforscher Sven Hedin auch durch Teile Tibets. Er erreichte 1907 sogar Shigatse. Seine profunden Kenntnisse, die er auf mehreren Expeditionen durch Zentralasien erworben und in wissenschaftlichen Werken und Reiseschilderungen veröffentlicht hatte, bereicherten und bestimmten über Jahrzehnte das Wissen der Europäer über diese fremde Welt.

Eine „Exotin" unter den Tibetreisenden dieser Zeit war sicher die Französin Alexandra David-Néel. Sie lebte 14 Jahre als Buddhistin in Tibet und schrieb über ihren Aufenthalt Reiseberichte, die heute noch gelesen werden.

Bemerkenswert auch die deutsche Expedition unter Ernst Schäfer, einem Naturwissenschaftler, der im Auftrag des Reichssicherheitshauptamtes 1939 Tibet bereiste, um für Propagandazwecke die Geheimnisse und Kulte auf dem Dach der Welt zu erkunden. Trotz seiner Nähe zur NS-Ideologie hat Schäfer einige anschauliche Beschreibungen zum Beispiel der Klosterfeste Tibets hinterlassen. Und, last but not least, gehört natürlich der große Heinrich Harrer in diesen (unvollständigen) Überblick. Gemeinsam mit seinem Gefährten Peter Aufschnaiter gelang ihm 1946 die Flucht aus englischer Gefangenschaft in Indien nach Tibet. Sein berühmtes Buch „Sieben Jahre in Tibet", in dem er die Erlebnisse seines Aufenthaltes am Hof des Dalai Lama schildert, hat maßgeblich zum Mythos Tibet beigetragen.

Bilder oben:
Nur wenigen Europäern war es vor 1950 vergönnt, Tibet zu besuchen, unter ihnen (von links nach rechts) der britische Offizier Sir Francis Younghusband (1863–1942), die französische Reiseschriftstellerin Alexandra David-Néel (1868–1969), die sich als ordinierte buddhistische Nonne lange in Tibet aufhielt, und der große schwedische Asienforscher Sven Hedin (1865–1952).

Links oben:
Von tibetischem Gebiet startete 1924 die berühmte Everestexpedition von George Mallory und Andrew Irvine. Ihren Wagemut bezahlten sie mit dem Leben.

Mitte:
Die erste historische Darstellung des Potala stammt aus der Mitte des 17. Jahrhunderts. Freilich hat der Zeichner auch seiner Phantasie freien Lauf gelassen. Bis 1950 gab es in Tibet nicht einmal primitivste Fahrzeuge, geschweige denn Pferdekutschen.

Oben:
Nam Tso wird mit „Himmelssee" übersetzt. In einer Höhe von circa 4700 Metern gelegen, scheinen seine Ufer tatsächlich mit dem Himmel zu verschmelzen. Mit 1940 Quadratkilometern ist er nach dem Koko Nor der zweitgrößte See Tibets und der höchstgelegene große See der Erde.

Rechts:
Die gewaltigen, bis zu 7000 Meter hohen Gipfel des Nyenchen Tanglha riegeln den See nach Norden ab. Der im Frühjahr schmelzende Schnee der Bergkette ist eine wichtige Wasserquelle für den Nam Tso. Im See liegen fünf kleine Inseln. Mehrere Halbinseln reichen weit in den See hinein.

Links:
Im Frühjahr bildet sich am Ufer des Nam Tso eine für tibetische Verhältnisse üppige Vegetation. Das Nahrungsangebot lockt viele Wildtiere und Vögel wie den selten gewordenen Schwarzhalskranich an.

Rechts:
Der Nam Tso ist auch ein Pilgerort. Jährlich kommen unzählige Gläubige aus Tibet, Qinghai und Sichuan hierher, um den See zu umwandern. Die Umkreisung dauert 20 bis 30 Tage.

Unten:
Der kleine Höhlentempel von Tashi Dor liegt an der südöstlichen Seite des Sees. Seit 2005 existiert eine relativ gute Straße zum See, sodass der Ort innerhalb eines Tagesausfluges von Lhasa gut zu erreichen ist.

Oben:
Nach vorheriger Absprache kann der Besucher auch in der kleinen Gompa von Tashi Dor übernachten. Der Ort wird mit Padmasambhava in Verbindung gebracht, einem indischen Yogi und Heiligen. Er hatte im 8. Jahrhundert den Buddhismus in Tibet verbreitet.

Links:
Viele Nomaden leben an den fruchtbaren Ufern des Nam Tso. Tibeter sind von Natur sehr neugierig. Und am neugierigsten sind – wie überall – die Kinder.

Bilder diese Seite:
Impressionen aus Zentraltibet. Eine Überlandfahrt bietet gute Möglichkeiten, um einen Einblick in die tibetische Fauna zu bekommen. Nutztiere wie domestizierte Yaks sind immer zu sehen. Wildtiere wie Wiedehopf, Murmeltier oder Himalaja-Geier kommen auch recht häufig vor. Selten dagegen sind Kyangs (Wildesel) oder Tibet-Gazellen geworden. Glücklich darf sich schätzen, wer einen Schneeleoparden, Blauschafe, Takins oder Wildyaks zu Gesicht bekommt.

Rechte Seite:
Von Mai bis September dauert die Vegetationsphase im Land des Schnees. Viele Menschen leben in Tibet als Selbstversorger. Sie müssen in dieser Zeit Vorsorge für den langen Winter treffen. Oftmals bildet eine Dorfgemeinschaft eine Kooperative, die gemeinsam Felder bestellt und die Ernte einbringt. Die meisten Tibeter ziehen allerdings immer noch als Nomaden mit ihren Viehherden durch das Land.

Oben:
Bei den „Himmelsbestattungen", die nahe dieser Stelle bei Drigung Til stattfinden, werden die Körper der Toten zerstückelt, die Knochen zermahlen und dann den Vögeln überlassen.

Rechts:
Ein anderer bekannter „Himmelsbestattungsplatz" liegt nahe dem Kloster Sera. Dieses uralte Bestattungsritual wurde aus der Praxis geboren und steht im Einklang mit der buddhistischen Lehre. Für einen Buddhisten ist der Körper nur eine leere Hülle, aus der in verschiedenen Stufen der Geist oder die Seele entweicht. Im holzarmen Tibet mit Böden, die über ein halbes Jahr tief gefroren sind, war diese Form der Bestattung eine logische Notwendigkeit.

Links:
Das Kloster von Drigung Til schmiegt sich wie ein Adlernest an einen Berghang, der aussehen soll wie der Rücken eines Dris (Dri ist die weibliche Form des Yaks). Der Felsen gab der 1179 gegründeten Anlage seinen Namen.

Unten:
Von weit her werden die Toten zur Bestattung nach Drigung Til gebracht. Der Bestattung folgt ein bis zu fünf Tage dauerndes Ritual, wobei die Gebete der Mönche den Übergang der Seele des Toten in eine andere Welt begleiten.

Rechte Seite:
Der Yumbhu Lhakang auf dem Weg ins Yarlung-Tal soll der Legende nach das älteste Gebäude Tibets sein. Anfangs als Festung erbaut, wurde das „Schloss in den Wolken" schließlich zu einem Tempel umfunktioniert.

Samye – hier einer der frisch renovierten Nebentempel – liegt einer Oase gleich inmitten einer Sand- und Dünenlandschaft am Nordufer des Flusses Tsangpo. Es ist das älteste Kloster des Landes und wurde um 770 in der Zeit des Religionskönigs Trisong Detsen als Abbild des buddhistischen Universums erbaut.

Im Kloster Mindroling wird in der Tradition der Nyingma-Linie unterrichtet. Nyingma ist die älteste Schule des tibetischen Buddhismus. Neben der „Schule der Alten", so die Übersetzung von Nyingma, existieren noch die Schulen der Gelug „Die Tugendhaften", der Kagyü „Mündliche Linie" und der Sakya „Graue Erde".

Seite 78/79:
Vom Yumbhu Lhakang weitet sich der Blick über das fruchtbare Yarlung-Tal. Die klimatischen Verhältnisse in dieser Gegend sind so günstig, dass hier sogar Weizen gedeiht. Durch das Yarlung-Tal führt auch die Straße nach Bhutan.

LEBEN IM EXIL –

AUDIENZ BEIM DALAI

Oben:

Das heutige Kloster des Dalai Lama ist schlicht und bescheiden eingerichtet. Wenn Seine Heiligkeit eine Puja leitet, sind die Räume immer überfüllt. Per Fernsehübertragung können die Mönche in Nebenräumen dem Geschehen folgen.

Rechts:

Eine Privataudienz und einen Interviewtermin bei Seiner Heiligkeit dem Dalai Lama zu bekommen, ist eine seltene Ehre und Höhepunkt einer Fotografen- und Journalistenkarriere. Das Bild zeigt den Dalai Lama im Gespräch mit Kai-Uwe Küchler in Indien.

Seine Heiligkeit sitzt in einem einfachen Sessel und lacht, als er mich mit Kameras, Tonaufnahmegeräten, Fotos und Gastgeschenken bepackt durch die Tür kommen sieht, um im indischen Dharamsala, dem Exilsitz der Tibeter, ein Interview mit dem Dalai Lama zu führen. Sein berühmtes, herzliches Lachen füllt den Raum. Sofort bin ich von der schwer zu beschreibenden Aura des Dalai Lama gefangen, habe aber nicht das Gefühl, von ihr erdrückt zu werden. Im Gegenteil: Wärme und Herzlichkeit empfangen mich.

Zur Begrüßung überreiche ich die Kata, eine weiße Glücksschleife, und bekomme sie vom Oberhaupt der Tibeter um den Hals gelegt. Außerdem anwesend sind ein Staatssekretär, der das Interview protokolliert und (obwohl der Dalai Lama Englisch spricht) ein Dolmetscher, der Seiner Heiligkeit bei komplizierten Passagen zur Seite steht. Aus den 20 Minuten, die ich für meine Fragen ursprünglich bekommen habe, ist am Ende fast eine Stunde geworden. Der „lebende Buddha“, der seit über 50 Jahren sein Land nicht gesehen hat, möchte viel über unsere Reisen durch Tibet wissen. Der Dalai Lama nimmt sich Zeit und vergisst darüber auch schon mal das Protokoll.

LAMA

Ganz oben links:
Über 10 000 Kinder haben im TCV (Tibetan Children's Village) in Dharamsala in Nordindien ein neues Zuhause gefunden. Heute noch flüchten Kinder (sie werden von ihren Eltern professionellen Fluchthelfern anvertraut) und Erwachsene über den Himalaja ins Exil, weil sie in ihrer Heimat keine Perspektive sehen. In Dharamsala finden die Flüchtlinge erste Aufnahme.

Ganz oben rechts:
Vergleicht man das bungalowartige Wohnhaus des Dalai Lama mit den prächtigen Palästen, die ihm in Tibet zur Verfügung standen, fällt die Bescheidenheit auf, die das Oberhaupt der Tibeter heute lebt.

Oben links:
Neben Lesen, Schreiben und Rechnen lernen die Kinder im Tibetan Children's Village auch Englisch und erwerben Grundkenntnisse im Umgang mit Computern. Vor allem aber werden sie mit ihrer eigenen Geschichte, Kultur und Sprache vertraut gemacht.

Mitte:
Seine Heiligkeit der 14. Dalai Lama in Meditation bei einer Zeremonie im indischen Dharamsala, dem Sitz der tibetischen Exilregierung. Er ist der unumstrittene geistige und weltliche Führer Tibets, obwohl er schon vor Jahren die Regierungsgeschäfte einer demokratisch gewählten Volksvertretung übergeben hat. Der Dalai Lama sieht sich in erster Linie als „einfacher Mönch".

GOTTKÖNIG OHNE KÖNIGREICH

Der „Gottkönig ohne Königreich" lebt seit 1959 in einem einfachen Bungalow am Fuß des indischen Himalajas. Dharamsala, ein circa 20 000 Einwohner zählender Ort im indischen Bundesstaat Himachal Pradesh, ist heute nicht nur der Sitz des Dalai Lama. Auch das von den Exiltibetern demokratisch gewählte Parlament Tibets (Chithü) sowie der vom Premierminister geführte Ministerrat (Kashag) kommen hier regelmäßig zu Sitzungen zusammen. Allerdings sind beide Institutionen international nicht anerkannt.

Großzügig gewährte Indien vor gut 50 Jahren den Tibetern Asyl und unterstützte sie beim Neuanfang. In Dharamsala sind die Sommer oft heiß und drückend schwül, die Winter dagegen gemäßigt. Trotz des ungewohnten Klimas waren die Tibeter froh, die Chance für einen Neubeginn im Exil bekommen zu haben.

Im Laufe der Jahre folgten Zehntausende Tibeter ihrem religiösen Führer. Sie sahen im chinesisch regierten Tibet keine Zukunft für sich und ihre Kinder. Mit der Zeit etablierte sich in Dharamsala der erste Anlaufpunkt für Flüchtlinge aus Tibet.

Besonderes Augenmerk legen die Exiltibeter auf die Ausbildung der Kinder. Mit internationaler Unterstützung wurden in verschiedenen Regionen Indiens und im Ausland Kinderdörfer eingerichtet. Hier werden die Jüngsten auf Tibetisch in den Basisfächern, in Geschichte, Kultur und Religion, aber auch in Englisch und Computerkunde unterrichtet. Dem berühmten TCV (Tibetan Children's Village) in Dharamsala steht die Schwester des Dalai Lama, Frau Jetsun Pema, vor. Sie möchte, dass möglichst viele der circa 10 000 Schüler eines Tages nach Tibet zurückkehren. In der jungen Generation, so sagen die Exiltibeter, liegt die Hoffnung ihres Volkes.

Oben:
Während die Altstadt Gyantses von der Kulturrevolution verschont blieb, wurde der über der Stadt liegende Klosterbezirk Pälkhor Chöde nahezu vollständig zerstört. Von den ehemals 16 Klöstern haben nur zwei die Zeit überstanden. Schritt für Schritt wird die Anlage heute wieder aufgebaut.

Rechts:
Berühmt ist die Anlage durch den begehbaren Kumbum-Chörten, der als eines der bedeutendsten Bauwerke tibetischer Architektur gilt. Um 1440 wurde das Bauwerk in Auftrag gegeben. Der Chörten hat vier Stockwerke mit 108 Kapellen und über 10 000 Wandbildern.

Oben:
150 Meter über der Stadt Gyantse liegt die einzige heute noch weitgehend erhaltene Befestigungsanlage Tibets. Ihre Gründung erfolgte bereits im Jahre 1365. Bis zur Erstürmung durch die Engländer im Jahr 1904 hielt man den Komplex für uneinnehmbar.

Links:
Nach Lhasa und Shigatse ist Gyantse die drittgrößte Stadt Tibets. Sie hat noch viel von ihrem ursprünglichen Charme behalten. Auf dem Weg zum Dzong, der Festung oberhalb der Stadt, passiert der Besucher schöne Felsmalereien.

Oben:
Tashilhünpo in Shigatse ist die Residenz des Panchen Lama, des zweithöchsten Würdenträgers des Landes. Übersetzt heißt Tashilhünpo so viel wie „Glücks- oder Segensberg". Das Kloster gilt heute als das mit den meisten religiösen Aktivitäten Tibets.

Rechts:
Mit knapp 100 000 Einwohnern ist Shigatse die zweitgrößte Stadt Tibets. Immer mehr Chinesen werden hier angesiedelt. Tibeter trifft der Reisende vor allem in der Altstadt und im Klosterbezirk.

Seite 86/87:
Tsurphu ist das wichtigste Kloster der Kagyüpa-Schule und Sitz des Karmapa. Das Oberhaupt dieser Schule lebt heute im indischen Exil.

Bilder links:
Bis ins Detail sind die Innenräume der vielen Klöster Tibets ausgestaltet. Farben und Wandbehänge unterliegen einer religiösen Bedeutung. Hunderte Statuen schmücken die zahlreichen Sanktuarien. Jede Plastik symbolisiert eine bestimmte Gottheit oder eine wichtige Person in der tibetischen Geschichte.

Unten:
In Shalu bekamen die legendären „Tranceläufer" ihre Ausbildung. In Meditation und höchste Konzentration versenkt, sollen sie große Strecken in einem hohen Tempo ohne zu ermüden zurückgelegt haben.

AMDO UND KHAM – NORD- UND OSTTIBET

Wer heute Nord- und Osttibet bereist, fährt durch die ehemaligen tibetischen Provinzen Amdo und Kham. Die größten Teile liegen außerhalb der sogenannten Autonomen Region Tibet, bilden aber Provinzen im Sinn eines historisch und kulturell zusammengehörenden Gebietes.

Dominierend im Landschaftsbild ist steppenartiges Grasland, in das sich immer wieder die schwarzen, spinnenartig aussehenden Zelte der Nomaden ducken. Noch heute durchstreifen die wandernden Viehzüchter auf der Suche nach guter Weide mit ihren immer größer werdenden Yakherden die Gegend. In den weiten Ebenen finden in jedem Sommer farbenfrohe Reiterspiele statt.

Gewaltige Graslandschaften bestimmen den Charakter der Hochebenen Nord- und Osttibets. Dies ist das Land der Nomaden mit ihren immer größer werdenden Yakherden. Das Fleisch der Tiere können die oft geschäftstüchtigen Drokpas, so nennen sich die Nomaden selbst, unter anderem auch nach China verkaufen. Das Geld wird in neue Tiere investiert. Der Reichtum der Nomaden misst sich in ihrem Viehbestand.

Abenteuerliche Straßen führen zum heiligen Berg der Golok-Tibeter: Amnye Machen. Sieben Tage dauert die rituelle Umrundung dieses herrlichen Bergmassivs. Es ist die höchste Erhebung des Kunlun-Gebirges, der historischen Nordgrenze des ethnischen Tibets. Im Amnye-Machen-Massiv entspringen die Quellen des Gelben Flusses.

Weiter nördlich dehnt sich der Koko Nor, der größte See Tibets und der größte Steppensee der Welt, aus. Schon Sven Hedin untersuchte seine Ufer. Von hier lohnt die Weiterfahrt ins Repkong-Tal, wo die besten Thangka-Maler Tibets ausgebildet werden. Ihre schönen Malereien sind auch in den Klosteranlagen von Kumbum Jampa Ling und Labrang Tashi Khyil zu bewundern, die schon immer die Außenposten an der nordöstlichen Grenze Tibets waren. Kumbum ist eine der bedeutendsten Klosterstätten Tibets. Die riesige Anlage wurde an der Geburtsstätte Tsongkhapas, des bekannten Reformators des tibetischen Buddhismus, gebaut.

Nur wenige Kilometer von Kumbum entfernt, im kleinen Dorf Taktser, erblickte der bekannteste Vertreter der Tibeter das Licht der Welt: Seine Heiligkeit der 14. Dalai Lama.

Wer von der chinesischen Millionenstadt Chengdu auf dem Landweg nach Lhasa reist, fährt durch die ehemalige tibetische Provinz Kham. Dieser Kulturraum ist einer der bedeutendsten und abwechslungsreichsten im Hochland von Tibet. Berühmte Klöster und Kulturzentren wie Derge, Kandze, Lithang oder Chamdo sind Höhepunkte einer Reise durch den Osten.

Vier der mächtigsten Flüsse Asiens, der Salween, der Mekong, der Yangtse und der Yalong entspringen auf dem tibetischen Hochplateau und haben sich hier ihr Bett durch die Landschaft gegraben. Außerdem wird das Gebiet von sechs Gebirgsketten von Nordwest nach Südost durchzogen, deren höchste Gipfel über 7700 Meter emporragen.

Osttibet wurde erst 1998 für den Tourismus geöffnet. Das erklärt, warum die touristische Infrastruktur noch sehr rückständig ist. An den Straßen wird zwar viel gebaut, trotzdem können sie in der Regenzeit (von Juli bis August) schnell unpassierbar werden. Der Lohn für die Mühsal sind herrliche Landschaften mit typisch tibetischen Dörfern und fantastische Bergpanoramen.

KULTURELLE SCHÄTZE

Einen Stopp sollte der Reisende in der Stadt Derge einlegen, im kulturellen Herz Osttibets. Berühmt ist der Ort durch seine alte Klosterdruckerei. Die Derge-Pharkang-Druckerei beherbergt eine der besten Sammlungen alter Druckstöcke im gesamten Himalaja-Raum.

Nur wenige Kilometer westlich von Derge überquert der Reisende auf einer Brücke die gelblichbraunen Fluten des Yangtse und betritt nun die Autonome Region Tibet. Ab jetzt wird für jedes Dorf und für jedes Kloster ein weiteres Permit – eine Sondergenehmigung – benötigt.

Rechts oben:
Om Mani Padme Hum – „Oh du Juwel in der Lotosblüte" – lauten die wohl bekanntesten mystischen Silben Tibets. Sie sind das Mantra des Avalokiteshvara. Der Bodhisattva des Mitgefühls und der Barmherzigkeit genießt als Nationalgottheit Tibets große Verehrung.

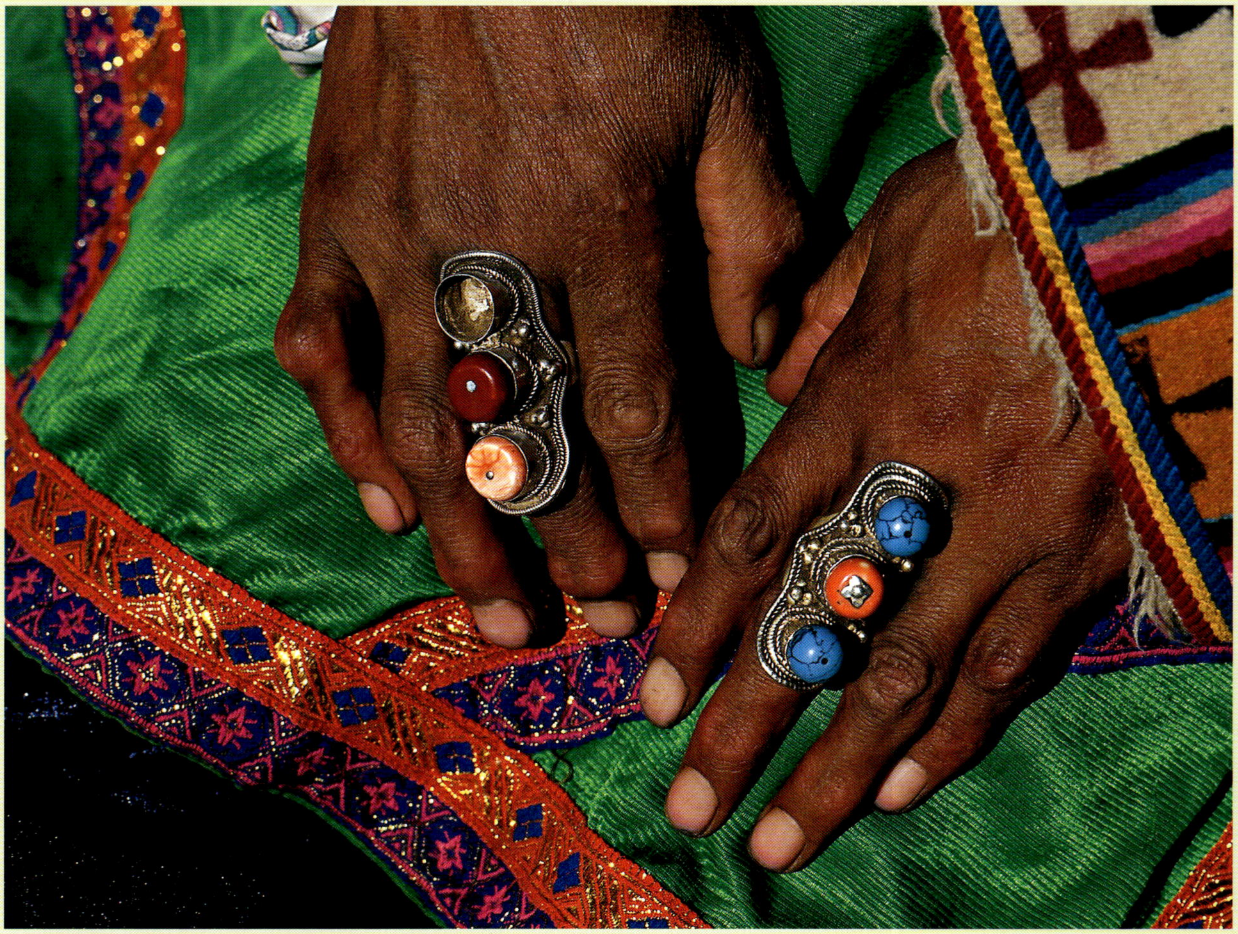

Rechts:
Tibeter lieben als Schmuck vor allem Türkise und rote Korallen. Der Türkis gilt unter anderem als Sitz der Schattenseele Lha und wird aus China, Afghanistan und Indien importiert. Es soll auch Fundorte in Tibet geben. Die roten Korallen kommen vor allem aus Russland, China oder Indien. Sie werden als Glückssteine verehrt.

Die Route verläuft von Derge über Chomda nach Chamdo, der Hauptstadt Osttibets. Dort kann man die nördliche oder die südliche Strecke nach Zentraltibet, dem Herzland des Buddhismus, wählen. Mitunter entscheiden jedoch die Straßenverhältnisse den Reiseverlauf. Auch mit allradgetriebenem Wagen sind selten mehr als 150 Kilometer am Tag zu schaffen. Wer die nördliche Route befährt, erreicht schließlich Nakchu. Der Weg schlängelt sich durch eine Landschaft von einzigartiger Schönheit. Am Fuß rötlich schimmernder Berge bauen die Menschen Gerste an. Oft trifft der Reisende hier stolze Khampa-Nomaden, die in Tibet schon immer eine Sonderrolle spielten. Vor dem Einmarsch der Chinesen gelang es der Regierung in Lhasa nie, die Khampa unter Kontrolle zu bringen, und sie waren es, die sich mit ihren hoffnungslos unterlegenen Waffen den Chinesen entgegenstellten. Sie zögerten nicht, den Dalai Lama bei seiner Flucht über die Himalaja-Kette im Jahr 1959 unter Einsatz ihres Lebens zu schützen.

Osttibet ist nicht so rau wie die meisten anderen Teile des Landes. Viele Gebiete liegen nur zwischen 2500 und 3000 Meter hoch, weshalb sich die Einreise über Osttibet für eine allmähliche Anpassung an die große Höhe gut eignet. Das Land wird von den Ausläufern des Monsuns gestreift, was die für tibetische Verhältnisse satten Weiden sowie die großen Waldgebiete erklärt. Wegen des milderen Klimas und der längeren Vegetationsphase war Kham schon immer dichter besiedelt als der Norden oder der Westen des Landes. Wem die Reiseziele in Zentraltibet oder gar der Kailash zu „touristisch" geworden sind, kann hier noch abseits der gängigen Routen viel Neues entdecken.

Oben:
Die Farben des Hochlandes zeigen immer wiederkehrende Variationen von Brauntönen. Die Palette reicht von Ockerfarben über Rostbraun bis fast Schwarz. Manche Berge scheinen oxydiert zu sein. Grünlich schimmern sie im Licht der Sonne. Die zimtfarbenen Hänge erinnern an die Steppe Patagoniens.

Links:
Das Geburtshaus des 14. Dalai Lama in Taktser, einem kleinen Dorf unweit des Klosters Kumbum im Nordosten Tibets. Eine Mönchskommission erkannte im Jahr 1937 den damals zweijährigen Knaben als Inkarnation des verstorbenen 13. Dalai Lama und brachte ihn nach Lhasa.

Rechts:
Auf der Fahrt nach Zentraltibet werden mehrere bis zu 5000 Meter hohe Pässe überquert. Die dünne Luft und die Aussichten sind im wahrsten Sinn des Wortes atemberaubend.

Unten:
Heute noch findet der Reisende manchmal Geisterfänger am Wegrand wie hier bei Nackchu in Osttibet. In den Fäden sollen sich böse Mächte verfangen, damit diese nicht in die Hütten und Zelte der Einheimischen gelangen.

Oben:
Überall in Tibet wird an den Schotterpisten gebaut, die die wichtigsten Orte miteinander verbinden. Oft sind die Arbeiter – chinesische Tagelöhner, aber auch Tibeter – nur mit einfachsten Hilfsmitteln wie Schaufeln und Schubkarren ausgerüstet. Ihre Arbeit gleicht einer Sisyphos-Tätigkeit. Oft machen Erdrutsche oder starke Niederschläge alle Bemühungen zunichte.

Links:
Die Sok-Tsanden-Gompa in Osttibet erinnert in ihrem Aufbau an den Potala in Lhasa. Tatsächlich nahmen die Baumeister der Gompa Anleihen bei dem berühmten Bauwerk. Die Größe ist aber nicht einmal annähernd zu vergleichen.

Linke Seite oben:
In geschützten Lagen entfaltet sich im kurzen tibetischen Sommer eine alpine Flora. Auf den Blumenwiesen sind Enzian, Edelweiß, Alpenmohn, Hornkraut oder Blasenfarn zu Hause. Hier eine Landschaft bei Chamdo.

Tibetischer Kindertransport: Frau in Sengeshong Yagotsang.

Vor allem in Osttibet sind schöne Holzhäuser an den Straßen zu bewundern. Es profitieren auch Einheimische von den großen Waldbeständen. Leider wird an vielen Orten das Holz unkontrolliert geschlagen und nicht wieder aufgeforstet.

Linke Seite unten:
Pferde sind immer noch beliebte und notwendige Transportmittel für die Einheimischen. Das tibetische Pony ist für seine unglaubliche Kraft und Ausdauer bekannt, die im Widerspruch zu seiner Größe zu stehen scheinen. Sie sind hervorragende Arbeitsponys und dienen als leichte Zug-, Reit- und Packpferde.

Unten:
Derge ist das kulturelle Zentrum Osttibets. Die Derge-Pharkang-Druckerei beherbergt eine der besten Sammlungen alter Druckstöcke aus dem gesamten Himalaja-Raum.

Kleine Bilder rechts:
Zum Kloster Derge gehören neben wunderschönen Sanktuarien und der Klosterküche auch die Produktionsräume der Drucker. Tibetische Bücher werden nicht gebunden. Die Blätter liegen lose zwischen zwei Buchdeckeln, die oftmals aus Holz bestehen und verziert sind. Dann werden die Bücher noch in Baumwolle oder Seide eingeschlagen.

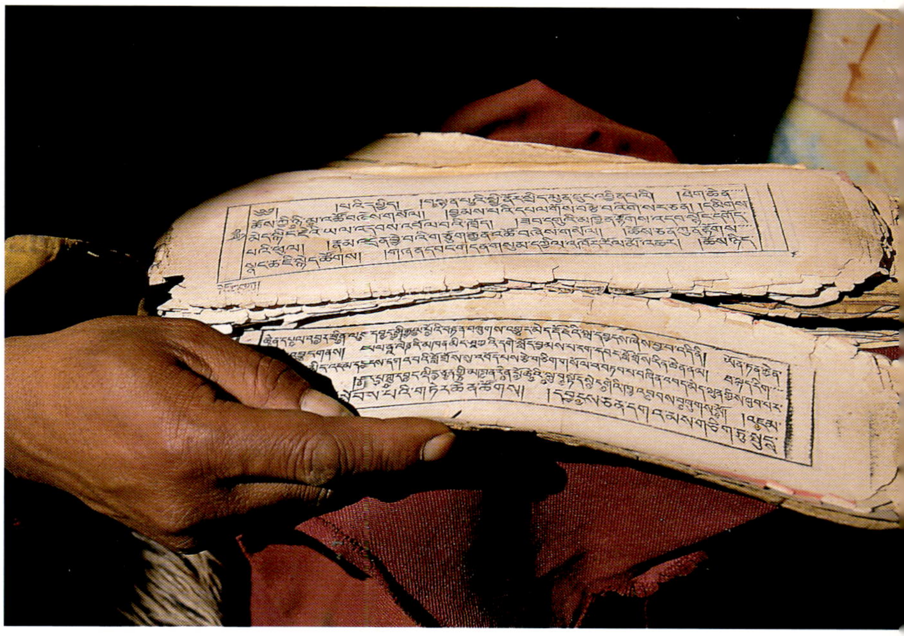

Oben:
Drucker im Kloster Derge. Drucken ist in Tibet Handarbeit. Mit perfekt aufeinander abgestimmten Handgriffen entwickeln die Arbeiter eine unglaubliche Geschwindigkeit.

Kleine Bilder rechts:
In riesigen, labyrinthartig angelegten Regalen lagern die Druckstöcke in der Druckerei von Derge. Aus ihnen wurden von Hand die tibetische Schrift beziehungsweise die verschiedenen Figuren und Darstellungen spiegelverkehrt herausgekerbt. Man benutzt auch heute noch das Blockdruckverfahren.

Seite 100/101:
Junge Mönche studieren das Wort Buddhas auf dem Vorplatz des Klosters Kandze in Kham. Nach einer eisigen Nacht ist es am Morgen draußen wärmer als in den ungeheizten Klosterräumen.

Kleine Bilder links:
Schon am frühen Morgen beginnen die Einheimischen, die Klosteranlage von Derge zu umkreisen. Vor allem älteren Tibetern wird der Reisende an diesen Orten begegnen.
Der Umrundungsweg ist aber nicht nur Stätte der Verehrung. Die Kora ist auch immer ein beliebter Treffpunkt, an dem Neuigkeiten ausgetauscht werden.

Unten:
Zeit ist in Tibet ein relativer Begriff. Der Hast der Touristen aus dem Westen stehen die Einheimischen mit einigem Unverständnis gegenüber.

Rechts:
Der in der Kulturrevolution zerstörte Chörten von Dawo wurde in den letzten Jahren wieder aufgebaut. Das Geld für das über 20 Meter hohe Bauwerk kam von privaten Spendern aus Tibet und dem Ausland. Vor allem in Osttibet ist eine rege Kloster-Bautätigkeit zu registrieren.

Unten:
Die Stadt Kandze hat außer ihrer Klosteranlage für den Besucher nicht viel zu bieten. Spektakulär ist jedoch die Aussicht auf die gewaltigen, schneegepuderten Berge.

Oben:
Nach der Morgenandacht begeben sich die Mönche aus dem Dhukhang, der Hauptversammlungshalle, ins Freie. In den nächsten Stunden werden sie auf dem Klosterhof Texte rezitieren und Selbststudium betreiben.

Links:
Auch junge Tibeter wie dieser Mönch in einem Kloster in Osttibet verehren Seine Heiligkeit den Dalai Lama, obwohl sie ihn nach über 50 Jahren im Exil nur durch Erzählungen kennen. Fast jeder Tibeter besitzt ein Bild von Yishi Norbu („Wunscherfüllendes Juwel"), wie die Einheimischen den Dalai Lama liebevoll nennen.

Linke Seite:
Guri Gompa heißt der Ausgangsort für die sieben Tage dauernde Umrundung des Amnye-Machen-Bergmassivs im weitgehend unbekannten Nordosten Tibets. Nicht nur für die Golok-Tibeter ist es ein wichtiges Pilgerziel, denn hier residiert Machen Pomra, eine der wichtigsten tibetischen Berg- und Schutzgottheiten.

Die meisten sakralen Gebäude in Guri Gompa sind baufällig. Es gibt keine touristische Infrastruktur. Die Einheimischen sind jedoch sehr gastfreundlich. Gegen ein kleines Entgelt (das oft nicht einmal verlangt wird), kann in den Hütten der Einheimischen übernachtet werden.

Auf dem Weg zum ersten Pass Drado Wangchuk La auf der Kora, dem Umrundungsweg, am Amnye Machen passiert der Pilger einen großen Lhatse, so werden mit Gebetsfahnen geschmückte Steinaufhäufungen genannt, an denen lokalen Göttern geopfert wird.

ZU BESUCH BEI NOMADEN –
DIE DROKPA

Oben und Mitte:
Yeshe lebt mit seiner Familie in den fruchtbaren Tälern östlich von Lhasa. Er hat den Grundstock seiner Herde von seinem Vater Sönam Pentsok übertragen bekommen. – Beim Aufbau der aus schwarzer Yakwolle gefertigten Zelte nutzen die Nomaden die Bodensenken des Geländes, um den heftigen Hochlandstürmen wenig Angriffsfläche zu bieten.

Unten:
Obwohl immer mehr Nomaden ein Motorrad besitzen, ist das Pferd nach wie vor ihr wichtigstes Transportmittel.

Trotz der Veränderungen, die die tibetische Gesellschaft in den letzten Jahrzehnten erfahren hat, leben heute noch die meisten Einheimischen als Bauern und Nomaden. Die Hirten Tibets durchstreifen dabei in der Regel die Gebiete in den Hochlandsteppen, die landwirtschaftlich nicht oder nur sehr schwer nutzbar sind. Drokpa – das tibetische Wort für Nomade – bedeutet so viel wie „Menschen aus der Einsamkeit". Da Besitz in Tibet auch heute oft noch über den Bestand an Vieh definiert wird, genießt diese ursprüngliche Lebensform weiterhin ein hohes Prestige.

Allerdings hat der nomadische Alltag nur wenig mit der hierzulande verbreiteten romantischen Verklärung dieser Lebensweise zu tun. Beim Hüten der Tiere sind die Drokpas Wind und Wetter ausgesetzt. Ihre Haut verändert sich, wird runzelig, fast lederartig. Die starke UV-Strahlung der Sonne, die fast ungehindert durch die dünne, staub- und wasserarme Luft dringt, kann nur bedingt mit Yakbutter als Sonnenschutzcreme abgehalten werden. Augenprobleme, hervorgerufen durch Staub und Sonne, sind weit verbreitet.

Was die Nomaden zum Leben brauchen, fertigen sie zumeist selbst an, besonders die schwarzen Zelte aus Yakwolle. Ihre Konstruktion hält heftigen Stürmen stand. Und auch bei Minusgraden bleiben die Tem-

peraturen im Innern erträglich. Trotzdem ziehen im Herbst viele Nomaden in feste Quartiere um.

HERZLICHE GASTFREUNDSCHAFT

Besuche bei Nomaden gelten als Höhepunkte einer Tibetreise. Die Menschen sind äußerst gastfreundlich. In der Regel wird man sofort ins Zelt zum unvermeidlichen Buttertee eingeladen. Dieses eher bouillonartige Getränk wird aus Ziegeltee, Yakbutter, Salz und natürlich heißem Wasser in einem Zylinder zubereitet. Die Nomaden trinken bis zu 30 Tassen am Tag.

Das Essen der Einheimischen ist schlicht, einfach und dem kargen Leben angepasst. Um das Hauptnahrungsmittel Tsampa herzustellen, wird geröstetes und gemahlenes Gerstenmehl mit salzigem Buttertee, Milch oder Wasser versetzt, in einer Schale zu kleinen Kügelchen geknetet und sofort gegessen. Yak- oder Schaffleisch in allen möglichen Formen dient als Ergänzung. Eine tibetische Spezialität sind „Momos", mit Fleisch oder Gemüse gefüllte Teigtaschen, wozu „Tugba", eine schmackhafte Suppe gereicht wird.

Ständiges Gesprächsthema unter den Drokpas ist natürlich das Vieh. Ohne die legendären Yaks und Dris (die Weibchen) und die Dzos (eine Kreuzung aus Yak und Rind) wäre ihr Dasein nicht denkbar. Die Tiere sind hervorragend an das tibetische Klima mit Wintertemperaturen bis minus 40 Grad Celsius angepasst. Sie liefern Fleisch, Wolle, Fett, Milch und Felle. Ihr getrockneter Mist dient im holzarmen Tibet als Heizmaterial. Sie tragen Lasten durch unwegsames Gelände bis in Höhen von 5000 Meter. Die Drokpas züchten auch Schafe, Ziegen und Pferde.

Probleme, die in den letzten Jahren die Existenz der Nomaden bedrohen, sind die Überweidung und die Landflucht junger Leute. So bleibt abzuwarten, ob die jahrhundertealte tibetische Lebensform der Drokpas überdauern wird.

Bilder ganz oben:
Im Inneren des Hauptzeltes bereitet Yeshes Tochter Sonam Yangchen in einem Zylinder Buttertee zu. Buttertee besteht aus schwarzem Ziegeltee, Salz, Yakbutter und heißem Wasser und ist der Energielieferant für die Drokpas. Das eher bouillonartige Getränk wird oft mit Tsampa – gerösteter und gemahlener Gerste – vermengt, zu Kügelchen geknetet und dann gegessen. Sönam Pentsok zieht mit seinen über 70 Jahren noch immer mit den Tieren und seiner Familie mit.

Bilder oben:
Am Nachmittag wird das kleinere Vieh, Ziegen und Schafe, zusammengetrieben, an einer langen Leine festgemacht und gemolken. Als Heizmaterial im holzarmen Tibet dient getrockneter Yakdung.

Rechts:
Kurz hinter dem Drado-Wangchuk-Pass erblickt man zum ersten Mal die imposante Bergkette des Amnye Machen. Der 6282 Meter hohe Zentralgipfel ist wegen der vielen Nebengipfel selbst für die Einheimischen nur schwer zu bestimmen. Was für den Westen Tibets der Kailash darstellt, ist für den Nordosten dieses heilige und geheimnisumwitterte Massiv.

Unten:
Im Herbst ziehen die Nomaden am Amnye Machen von ihren Sommerweiden hinunter ins Tal. Heftige Schneestürme schon im September sind keine Seltenheit.

Oben:
In diesem Jahr kündigt sich schon mitten im September der Winter an. Über Nacht sind in den höheren Lagen des Amnye Machen schon größere Mengen an Schnee gefallen. Schon bald werden die ersten Pässe kaum noch passierbar sein.

Links:
Mehrere Stunden kann es dauern, bis Zelte und Hausrat der Nomaden auf den Rücken der genügsamen Yaks verstaut sind. Tibetische Grunzochsen sind in der Lage, acht bis zehn Stunden täglich Lasten durch unwegsamstes Gelände in einer Höhe bis 5000 Meter zu tragen.

Jeder Pilger auf der Amnye-Machen-Kora verrichtet in der Gompa von Chuwarna seine Gebete. Von Guri Gompa kommend hat der Pilger hier das leichtere Drittel der Umrundung absolviert. Der Ort ist mit dem Jeep erreichbar, weshalb einige Tibeter von hier die Kora starten.

Nur wenige Mönche leben heute im Kloster von Guri Gompa. Von der Verfolgung der Lamas während der Kulturrevolution und der restriktiven Politik Chinas gegenüber den religiösen Würdenträgern hat sich das Land bis heute nicht erholt. So gibt es in Tibet nur wenige gute und qualifizierte Lehrer, die den Novizen ihr Wissen vermitteln können.

Eine Mutter wird mit ihren beiden Töchtern die Strecke um das Amnye-Machen-Massiv mit ihrem Körper ausmessen. Ziel dieser buddhistischen Übung ist es, sich von jeglicher Form der Anhaftung, zum Beispiel an materiellen Besitz, auf physische Art zu befreien.

Ein Steinmetz am Amnye Machen in Nordosttibet schlägt mit Hammer und Meißel heilige Texte in eine Steinplatte. Meist werden diese nach ihrer Vollendung in großen Ansammlungen, sogenannten Manimauern, aufgeschichtet.

Seite 112/113:
Labrang Tashikyil gehört zu den größten und wichtigsten Klöstern Nordosttibets. Nicht weit von hier verläuft die historische Grenze des Landes. Lebten in Blütezeiten bis zu 4000 Mönche in der Klosterstadt, die während der chinesischen Kulturrevolution stark zerstört wurde, sind es heute wieder fast 1000 Mönche in Labrang.

Tsha-Tsha werden kleine, meist aus Lehm oder Ton gefertigte Figuren oder Täfelchen genannt. Sie zeigen meist Abbildungen von Gottheiten und werden an Eingängen von Höhlen, Tempeln oder an Chörten abgelegt.

Der Rhythmus des Gebetes wird durch gleichmäßige Schläge mit einem biegsamen, sichelförmigen Stock auf eine zweifellige Stieltrommel (Nga Chung) bestimmt. Diese Trommeln sind meist mit Tierfellen bespannt. Es gibt sie in unterschiedlichsten Ausführungen.

Labrang war früher der nordöstliche Vorposten des tibetischen Großreiches. Nach der Teilung Tibets und der Neuordnung der chinesischen Provinzen im Jahr 1965 steht das Kloster heute unter Verwaltung der chinesischen Provinz Gansu. 1947 lebten im Kloster über 3000 Mönche, davon 300 Geshes, Mönche mit theologischem Doktorgrad, und zwischen 50 und 100 reinkarnierte Lamas.

Gebetsmühlen wurden ursprünglich für einfache Gläubige, die weder Lesen noch Schreiben konnten, geschaffen. Die aufgedruckten und sich im Zylinder befindenden Gebete gelten bei der Rotation um die Achse des Zylinders als gesprochen.

AUSDRUCK DER RELIGIOSITÄT – KUNST IN TIBET

Oben:
Auf der Fahrt vom Gongkar-Flughafen nach Lhasa stoppt der Fahrer für gewöhnlich am großen Felsenrelief des Buddha Shakyamuni. In der Ikonografie ist Shakyamuni an der „Geste der Erdberührung" mit der rechten Hand (Bhumisparsha-Mudra) sowie an der Bettelschale als Zeichen der Besitzlosigkeit zu erkennen. In Stein gehauene und bemalte Kunstwerke sind auch oft in der Nähe von Klosteranlagen zu finden.

Mitte:
Künstler stehen weit oben in der Hierarchie der tibetischen Gesellschaft. Berühmte Malschulen wie die von Sengeshong Yagotsang im Repkong-Tal sind über die Grenzen des Landes hinaus bekannt.

Die Kunst in Tibet stand immer im Dienst der Religion und war an den konkreten Auftrag eines Klosters oder einer wohlhabenden Privatperson gebunden. Besonders der kostspielige und aufwändige Buchdruck. Nur große und reiche Klöster konnten sich Ausgaben des Kanjur (Buddhas Wort in 108 Bänden) und des Tanjur (die Lehrauslegungen in 225 Bänden) leisten. Bis in die Mitte des vergangenen Jahrhunderts kannte man in Tibet nicht den Druck mit beweglichen Lettern; selbst heute stellen große Klosterdruckereien in Derge oder Tashilünpo Bücher noch im traditionellen Holz- beziehungsweise Blockdruckverfahren her.

Bei den tibetischen Büchern liegen die Blätter lose zwischen zwei Buchdeckeln, die oft aus Holz bestehen und mit Schnitzereien verziert sind. Zum Schutz schlägt man sie in Baumwolle oder Seide ein. Auffällig ist das großes Querformat, bei dem die Seiten im Verhältnis 4:1 oder 3:1 stehen. Offenbar ist dies noch eine Tradition aus der Frühzeit, als das Wissen, auf längliche Palmenblätter geschrieben, aus Indien über den Himalaja nach Tibet gelangte. Die Bücher sind in riesigen Regalen mit kastenförmigen Löchern gestapelt, und man sagt, dass ein Mönch für das Studium der 140 000 beidseitig beschriebenen Seiten von Kanjur und Tanjur über 20 Jahre benötige.

Neben den riesigen Buchregalen schmücken Statuen, Thangkas und Wandmalereien die Innenräume der Klöster. Im spärlichen Schein der Butterlampen entwickeln diese Kunstwerke eine überwältigende und manchmal auch unheimliche Wirkung – Buddhas mit tausend Armen und unzähligen Köpfen, wunderbar gearbeitete Heiligenstatuen, aber auch schreckenerregende Dämonen aus vorbuddhistischer Zeit. In der Regel formen geschickte Meister die Plastiken aus Lehm, Ton oder verschiedenen Metallen. Sind sie ge-

Oben:
Der 14-jährige Chére (sitzend) in der Malschule Sengeshong Yagotsang ist einer der talentiertesten Thangkamaler im Repkong-Tal in Nordosttibet.

Bilder ganz oben und links:
Kunst in Tibet ist zeitlos und stand immer im Dienste der Religion. Die in kastenförmigen Regalen aufbewahrten Bücher beispielsweise sind immer auch Kult- und Verehrungsobjekte. Ihre Aufträge bekamen Thangkamaler, Buchdrucker oder Steinmetze fast immer von Klöstern oder Privatpersonen, die religiöse Bilder, Skulpturen, Texte oder Bauwerke erwarteten.

trocknet, werden sie farbenprächtig bemalt. Große Plastiken, wie die über 25 Meter hohe Statue des Buddha Maitreya im Kloster Tashilünpo in Shigatse, setzt man vor Ort aus Einzelteilen zusammen.

MEISTERHAFTE THANGKA-MALEREI

Eine besondere Verehrung genießen Thangkas, die berühmten tibetischen Flach- oder Rollbilder. Von Brokatstoff eingefasst und mit einem Seidentuch geschützt, geben die Malereien Visionen großer Heiliger wieder und dienen als Meditationsvorlage oder haben didaktische Funktionen. Kunst dient in Tibet nie einfach nur der Dekoration. Proportionen und Maße der Figuren sowie die Ikonografie sind genau vorgegeben. Zuerst werden die Umrisse der Gottheiten exakt auf die mit Leimfarbe grundierte Leinwand gezeichnet. Meist malt ein Schüler dann die Flächen aus, während der Meister mit dem Ausgestalten der Feinheiten das Bild vollendet. Bevor ein Künstler eine Gottheit darstellen durfte, musste er entsprechende „Einweihungen" bekommen haben, um das Wesen der Figur zu erfassen. Thangkas werden auch in Web- oder Applikationstechnik hergestellt.

Früher wurden oft Maler aus Indien oder Nepal nach Tibet eingeladen. Heute bilden bekannte Malschulen wie die Sengeshong Yagotsang im Repkong-Tal im Nordosten Tibets die besten Künstler des Landes aus.

Oben:
Die Residenz des Abtes von Kumbum oberhalb der terrassenartig angelegten Treppen bildet einen Blickfang für den Besucher.
Von dort überschaut man die wichtigsten Gebäude wie den Tsogchen Dhukhang oder den Manjushri Lhakhang sowie die drei großen Fakultäten des Klosters.

Rechts:
Nachdem das Kloster Kumbum von 1967 bis 1979 geschlossen war, leben heute wieder etwa 400 Mönche hier. Nicht alle sind Tibeter. Es gibt Schüler aus der Mongolei, und auch einige chinesische Mönche bekommen eine Ausbildung.

Links:
Kumbum, gebaut am Geburtsort des Gründers des Gelugpa-Ordens Tsongkhapa, ist zweifellos das wichtigste Kloster Amdos. Besonders auffällig ist der goldüberdachte Serdong Chenmo. Im Tempel wird ein sagenumwobener, heiliger Baum verehrt. Er sei bei der Geburt Tsongkhapas gesprossen, und seine Blätter sollen tibetische Silben getragen haben.

Unten:
Die acht Chörten des Sugata, die an die wichtigsten acht Taten des Buddha erinnern, markieren den Eingang des Klosters Kumbum in Amdo. Sehr viele Touristen aus China nehmen an den täglichen Führungen teil, was dem Ort eine für tibetische Klöster unübliche Hektik verleiht.

Rechts:
Stolz zeigt ein Mädchen in Zacu seine festliche, mit einem Pelzkragen besetzte Chuba. Die Chuba ist ein knie- oder knöchellanger Mantel mit überlangen Ärmeln, die nach Bedarf als Handschuhe benutzt werden.

Unten:
Rönpo Rinpotsche ist mit 40 weiteren Mönchen zur Einweihung der neuen Manimauer nach Zacu gekommen. Rinpotsche ist die respektvolle Anrede für einen hohen Lama und wird unter anderem mit „Edelgeborener" oder „Juwel" übersetzt.

Oben:
Während einer mehrstündigen Zeremonie weihen Mönche im Kloster Zacu in Nordosttibet eine aus 80 000 beschrifteten Steinplatten bestehende Manimauer. Meist wurde in die Steine das berühmte OM MANI PADME HUM – Oh, du Juwel in der Lotosblüte – eingemeißelt. Es ist das Mantra des Avalokiteshvara – des Buddha des Mitgefühls und der Barmherzigkeit.

Links:
Die Einweihung in Zacu ist gleichzeitig ein Volksfest für die Einheimischen. Nach der religiösen Zeremonie versammeln sich die Einwohner des Ortes zum geselligen Beisammensein.

AM FUSSE DES KAILASH – WESTTIBET

Für viele Tibetreisende stellt die Fahrt in den Westen des Landes den Höhepunkt ihres Aufenthaltes dar. Geradezu magisch werden Touristen und Einheimische von dem Berg angezogen, welcher hierzulande unter dem Namen Kailash bekannt geworden ist. Die Tibeter nennen ihn Kang Rinpoche – Großes Schneejuwel.

Obwohl der Tourismus in dieser schwer zugänglichen Gegend immer mehr zunimmt, ist auch heute noch eine sorgfältige Vorbereitung essentiell. Die Fahrten organisieren ausschließlich chinesische Reiseunternehmen. Benzin und Lebensmittel müssen (oft auf einem zweiten LKW) mitgenommen werden. Wer ein eigenes Zelt und einen Schlafsack

Vom Dach der Chöku Gompa weitet sich ein wunderschöner Blick auf die Kristallpagode des Kailash. Die Form des Berges erinnert an eine Pyramide. Für die Einheimischen ist es kein Zufall, dass jede seiner vier gleichmäßig geformten Seiten in je eine Himmelsrichtung zeigt.

dabei hat, kann den oft unhygienischen Bedingungen in den Unterkünften entgehen.

In ihrem Kern ist eine Kailash-Tour eine meditative und spirituelle Reise. Trotzdem hält die Reise genügend „Abenteuerpotential" bereit. Tatsächlich bietet schon die Anfahrt mit Tiefsandpassagen, nicht gesicherten Steilhängen und Flussdurchquerungen Adrenalinschübe pur.

Es gilt, zwischen einer nördlichen Route, die durch das landschaftlich sehr reizvolle Gebiet des Changtang führt, und einer kürzeren südlichen Route entlang der Himalaja-Kette zu entscheiden. Letztere ist aufgrund der Straßenverhältnisse manchmal unpassierbar. Aus Zeitgründen wird heute meist die Südroute gefahren. Nach mehreren Tagen im Geländewagen ist endlich die wundersame Bergwelt des Kailash erreicht.

Für die Einheimischen ist es eines der wichtigsten religiösen Ziele, die Kora, so wird der 53 Kilometer lange Umrundungsweg bezeichnet, mindestens ein Mal im Leben zu absolvieren. Der Berg gilt in vier Religionen – Buddhismus, Hinduismus, Jainismus und Bön – als spiritueller Ort und mystisches Zentrum. Solitär und steil aufragend steht seine ewig eisbedeckte 6714 Meter hohe Pyramide in den westlichen Ausläufern des Transhimalajas. Jede seiner vier Seiten ist annähernd gleich geformt

Rechts und unten:
Beschwerlich und zeitraubend ist die Anfahrt zum Kailash. Je nach Route und Wetterverhältnissen müssen von Lhasa sechs bis vierzehn Tage veranschlagt werden. Lebensmittel und Benzin werden in der Regel mitgenommen, was einen zusätzlichen LKW notwendig macht. Es existieren keine öffentlichen Verkehrsmittel. Fahrten zum Kailash sind nur organisiert und mit den entsprechenden Genehmigungen möglich.

und zeigt in eine Himmelsrichtung. Es wäre ein Frevel, den Berg zu besteigen.

Der buddhistische Lama Anagarika Govinda hat in seinem berühmten Buch „Der Weg der weißen Wolken" den Kailash treffend als „Berg mit Charakter" beschrieben. Im selben Buch lieferte er auch eine einprägsame Schilderung der wundersamen Umgebung des Berges. Gleich einem riesigen dreidimensionalen Mandala („Zauberkreis, der die Welt des Buddhismus symbolisiert") breitet sich an seinem Fuß eine mystische Landschaft aus, die voller verschlüsselter Symbole und Geheimnisse ist. So etwa die heiligen Seen Manasarovar und Rakas Tal. Das Verdienst, das sich der Pilger bei der Umrundung des Kailash erworben hat, wird durch die acht Tage dauernde Kora um den Manasarovar verdoppelt. Die runde Form des Sees verkörpert für die Tibeter die Sonne und symbolisiert die Kräfte des Lichtes. Sein natürliches Gegenstück ist der Rakas Tal, der See der Dämonen. In Gestalt einer Sichel verkörpert er die Kräfte der Nacht. Beide Seen sind durch einen Kanal, den Ganga Chu, verbunden.

Andere Phänomene sind die Quellen von Indus, Sutlej, Karnali und Brahmaputra, vier der mächtigsten Flüsse Asiens, die im vom Kailash dominierten Teil Westtibets entspringen und in alle vier Himmelsrichtungen davonfließen. Für die Menschen Asiens ist dies kein Zufall. In der Tat ist die Überlagerung von örtlichen Beschreibungen in den Schöpfermythen Tibets und geografischer Realität auffallend. Dem westlichen Skeptiker begegnen die Pilger mit einem unerschütterlichen Glauben. Die Frage nach dem Sinn einer wochenlangen Anreise und den Strapazen der Umrundung stellt sich für sie nicht. Sie sind auf einer Wallfahrt zu den Ursprüngen ihres Glaubens und auf einer Reise zu sich selbst.

DAS KÖNIGREICH GUGE

Krönender Abschluss einer Reise in den Westen Tibets ist der Besuch des ehemaligen Königreiches Guge. Auf dem Weg dorthin passiert man die wunderschöne Anlage des Klosters Thirtapuri. Am Ufer des Sutlej gebaut, scheint sie mit der Umgebung zu verschmelzen. Neben den Tempeln locken die

heißen Quellen des Ortes. Willkommene Gelegenheit, um ausgiebig Körperpflege zu betreiben.

Nach einer weiteren Tagesreise im allradgetriebenen Wagen ist dann das ehemalige Königreich Guge erreicht.Umgeben von einer einzigartigen Canyonlandschaft bieten die Ruinenstädte von Toling und Tsaparang interessante Einblicke in Natur und Geschichte dieser Region. Heute sind die Überreste der Tempelanlage gegen horrende Eintrittsgelder zugänglich. Obwohl nur einige Gebäude begehbar und (halbwegs) gesichert sind, zeugen die wenigen unversehrten Malereien von der Bedeutung des ehemaligen Königreiches Guge.

Den Gipfel seiner Macht erreichte es im 11. Jahrhundert während des Aufenthaltes des indischen Meisters Atisha und dann noch einmal im 15. und 16. Jahrhundert, als hier im Westen das Machtzentrum Tibets lag, bevor Lhasa und Zentraltibet an Einfluss gewannen. Damals schufen Künstler aus Indien die wunderbaren Malereien und Statuen. Zu Beginn des 17. Jahrhunderts ging der Einfluss Guges zurück. Ausbleibende Niederschläge sorgten schließlich dafür, dass immer mehr Menschen die Gegend verließen. Das Ende der Hochkultur von Guge war gekommen.

Die Anreise zum Kailash kann auch über Westnepal erfolgen. Der sechs Tage dauernde Treck von Simikot zur Grenze nach Tibet ist gut zur Akklimatisation geeignet und führt durch spektakuläre Landschaften. Auf der tibetischen Seite stehen Fahrzeuge bereit, die den Reisenden auch entlang des Ganga Chu (oben) zu den Seen Manasarovar und Rakas Tal und weiter zum Kailash bringen. Lohnenswert ist auch ein Abstecher in die Canyonlandschaft Guges (links).

Festgefahren! Obwohl an den Straßen zum Kailash viel gebaut wird, sind einige Abschnitte nach wie vor ein fahrerisches Abenteuer. Unser LKW versinkt Stück für Stück im Flussbett. Ein anderer Truck ist auch schon hier „gestrandet". Nach mehreren Stunden Wartezeit kann ein dritter LKW unseren Wagen aus dem Wasser ziehen.

Permanente Verkehrskontrollen sind die Ärgernisse einer Tibetreise. Nur wer alle notwendigen Dokumente und Permits (Genehmigungen) besitzt, kann weiterfahren. Das riesige Land mit seinen wenigen Straßen ist leicht zu kontrollieren.

Links:
Selten nur sieht man die scheuen tibetischen Gazellen. Früher war Tibet ein Paradies für Wildtiere. Riesige Herden von Kiangs, Tibetantilopen, Wildyaks, Moschusochsen oder Tibetgazellen durchstreiften die Hochebene. Durch exzessive Jagd und Wilderei, zum Beispiel mit Maschinenpistolen, sind viele Wildbestände heute vom Aussterben bedroht.

Seite 128/129:
Natürlich wird auch in Westtibet Viehzucht betrieben. Allerdings erscheint es manchmal wie ein Wunder, dass die karge Steppe so große Yakherden ernähren kann. Am Abend treiben die Nomaden ihre Herden zusammen, damit die Dris, die weiblichen Yaks, gemolken werden können.

Unten:
Die imposante Westseite des Kailash. Im Kangri Karchak, einem alten Führer für Pilger, liest man über das Gebiet am Kailash: Es sei „die Mitte aller Länder, das Dach dieser Welt, das Land von Gold und Edelsteinen, das Quellgebiet der vier großen Ströme; von der Kristallpagode des Kailash beherrscht und vom Türkis des Manasarovar geschmückt."

Kleine Bilder rechts:
Eines der wichtigsten religiösen Ziele der Tibeter ist es, mindestens ein Mal im Leben eine Pilgerfahrt zum Kailash zu unternehmen. Aus allen Teilen des Landes kommen die Menschen, um das „Juwel aus Eis" zu umrunden. Der Berg wird aber auch von Gläubigen anderer Religionen verehrt. Hindus, Buddhisten, Anhänger des Bön – die vorbuddhistische Religion Tibets – und des Jain – eine Religion, die auch aus Indien kommt – sehen im heiligsten Berg Asiens das Zentrum ihres Kosmos.

Rechts:
Aus allen Landesteilen kommen die Tibeter zum Berg der Berge, um den Göttern zu huldigen und gutes Karma anzuhäufen. Mit einer Umrundung des Kailash erlangt der Gläubige unermessliche Verdienste für sein nächstes Leben.

Unten:
Mit einem Tsampaopfer feiern die Pilger das Erreichen des Dölma La. Vereinzelt erklingt das Lha Ghye Lo – „Die Götter werden siegen" –, das beim Überschreiten eines Passes in den Himmel gerufen wird. Mit Hilfe der barmherzigen Göttin Dölma haben die Pilger nun für ihre Fehler gebüßt und sind symbolisch in ein neues Leben eingetreten.

Oben:
Ein Meer aus Gebetsfahnen schmückt den Dölma La. Auf der Passhöhe vollziehen die Pilger rituelle Umrundungen des Dölma-Steins und lassen verschiedene Opfergaben wie Kleidungsstücke, Münzen, Haarlocken und manchmal sogar Zähne zurück.

Links:
Im Zentrum der Verehrung am Pass steht der Dölma-Stein. Minutenlang verharren die Menschen am Stein, umkreisen ihn, bringen Opfergaben dar und reiben ihre aus 108 Perlen bestehenden Rosenkränze am Fels, um diese mit positiver Energie „aufzuladen".

Oben:
Steil und endlos scheint der Abstieg vom 5723 Meter hohen Dölma La, dem höchsten Punkt der Kora, ins östliche Seitental zu sein. Mit verschneiten und vereisten Passagen muss man, je nach Härte und Länge des Winters, bis Mitte Juni rechnen.

Rechts:
Auf der Kora passiert der Pilger unzählige Fußfallstätten mit aus sich selbst entstandenen Heiligenbildern, die er über einen bestimmten Stein visualisieren kann. Die meisten Gläubigen benötigen drei Tage für die Umrundung des Berges.

Oben:
Der Tobchen Chu an der Ostseite des Kailash ist nur einer der vielen Flüsse, die im heiligen Land ihre Quelle haben. Vier der mächtigsten Flüsse Asiens: der Indus, der Karnali, der Sutlej und der Brahmaputra (Yarlung Tsangpo) entspringen in der unmittelbaren Nähe des Berges.

Links:
Nach dem Dölma La passieren die Gläubigen den teilweise zugefrorenen „See des Mitleids", den Tukche Tso, in dem vor allem indische Pilger ein reinigendes Bad nehmen.

SITZ DER GÖTTER –

TIBETS HEILIGE

Oben:
Das Amnye-Machen-Massiv im Osten Tibets ist Sitz der mächtigen Schutzgottheit Sadag Machen Pomra. Berge sind auch in anderen Kulturen Kraftquell, Wallfahrtsziel oder Göttersitz.

Oben rechts:
Tibetische Pilger begegnen heiligen Bergen in der Regel mit entsprechendem Respekt. Für sie sind nicht nur die Gipfel, sondern oft auch die umliegenden Landschaften „beseelt", wie das Beispiel des Kailash zeigt.

Mitte:
Für die Tibeter ist der Mount Everest auch der Sitz der Göttin Miyo Lansangma. Sie beschützt seit alters her das Land. Die Einheimischen nennen den höchsten Berg der Erde „Chomolungma", die „Göttinmutter des Landes".

Bewohner von Gebirgsregionen in Asien oder in Südamerika haben ein grundsätzlich anderes Verhältnis zu ihrem Lebensraum als ausländische Bergsteiger, denen es meist um die Eroberung eines Gipfels und das Ausloten eigener Grenzen geht. Für die Einheimischen sind Berge oft Wohnorte der Götter, Kraftzentren, Stätten der Verehrung oder Symbole. Sie gestehen ihnen eine Seele zu, wo die Ahnen verehrt und den Göttern geopfert wird.

Dem Treiben der Alpinisten, denen Eis und Fels als „Sportgerät" dienen, steht die lokale Bevölkerung oft mit Unverständnis oder Abneigung gegenüber. Dies gilt besonders für die Einwohner Tibets.

Die Einwohner des Schneelandes würden nie auf die Idee kommen, einen Fuß auf Chomolungma, die „Göttinmutter des Landes" (Tibetisch für den 8850 Meter hohen Mount Everest), zu setzen. Sie sehen es als Frevel an, Miyo Langsangma, die „Herrin des gewaltigen Schnees" – sie beschützt seit alters her Tibet – in ihrer Ruhe zu stören.

Für die Einheimischen kommt es nicht auf Schönheit oder Höhe des Berges an, wichtig sind einzig seine Ausstrahlung und Seele oder der „Charakter", wie es Lama Anagarika Govinda in seinem Buch „Der Weg der weißen Wolken" formulierte.

NABEL DER WELT

Immerhin, der heiligste Berg Asiens, der Kailash im Westen Tibets, der „Nabel der Welt" für die Anhänger der Bön-Religion, Hindus, Jains und Buddhisten, ist noch unbestiegen. Es scheint jedoch nur ein Frage der Zeit zu sein, bis auch der Gipfel des „Weltenberges" der Rekordsucht Einzelner geopfert wird. Als Reisender sollte man sich bewusst sein, dass es einer Entweihung der heiligen Plätze gleichkommt, an diesen Bergen herumzuklettern und Müll oder Exkremente zu-

BERGE

Oben:
Vom Kailash und vom See Manasarovar in Westtibet öffnet sich ein wunderbarer Blick auf die Bergkette des Gurla Mandhata. Dieser über 7000 Meter hohe Eisriese stellt das weibliche Gegenstück zum Kailash dar und wird als heilig verehrt.

Links:
Um die heiligen Berge Tibets wurden in den verschiedenen Religionen ganze Kosmologien „gebaut". Die Buddhisten sehen im Kailash den Weltberg Meru oder die Achse der Welt, die das Reich der Götter mit dem der Menschen und der Erd- und Wassergeister verbindet.

Links unten:
Neben dem Kailash existiert in Tibet noch eine Vielzahl anderer heiliger Berge. Für die Einheimischen sind sie oft Kraftzentren und Sitz der Götter. Die Anziehungskraft eines Berges wird nicht mit seiner Höhe oder Schönheit erklärt. Entscheidend ist vor allem die Ausstrahlung.

rückzulassen. Nicht nur Everest oder Kailash haben für die Tibeter eine große Bedeutung, sondern auch andere Wohnstätten der Götter, so etwa das Massiv des Gurla Mandhata (das weibliche Gegenstück zum Kailash), die Bergkette Amnye Machen (im Osten Tibets gelegen und Sitz der mächtigen Schutzgottheit Sadag Machen Pomra) oder das Kangchenzönga-Massiv (es liegt an der Grenze zwischen Nepal, Sikkim und Tibet und ist Sitz des Gottes des Reichtums).

Am Berg des Bön (Bön Ri oder Kongo Ri), südöstlich von Lhasa, wird Tönpa, der Gründer der vorbuddhistischen Bön-Religion, verehrt. An der Grenze zu Bhutan und Indien erheben sich mächtige Eisriesen wie der 7538 Meter hohe Kula Kangri (hier wird die Berggottheit gleichen Namens verehrt) beziehungsweise der 5735 Meter hohe Takpa Schelri, wo Demchok, eine mächtige tantrische Gottheit, thront.

Es ist ausgeschlossen, alle heiligen Berge Tibets oder gar des Himalajas zu kennen und zu beschreiben. Bedingt durch regionale Traditionen, historische Entwicklungen und wechselnde Machtfaktoren hat sich bei der Verehrung der Berge eine bemerkenswerte Vielfalt herausgebildet. Allen unterschiedlichen Auffassungen ist jedoch eines gemeinsam: Die übermächtig erscheinende Berglandschaft spielt für die Einwohner Tibets eine zentrale Rolle. Und als Gast sollte man ihr mit Respekt begegnen.

Kleine Bilder links:
Die für die Zeremonie verantwortlichen Mönche aus Purang segnen in einer mehrstündigen Puja den Mast von Tarpoche. In einem komplizierten Ablauf umkreisen sie die Anlage, sprechen Mantras und versprengen geweihtes Wasser, um die Götter gnädig zu stimmen. Die Menschen zu Füßen der Mönche lauschen bewegungslos dem Gebet, das die Reise ihrer Seelen nach dem Tod erleichtern soll.

Unten:
Bis zu 10 000 Pilger aus allen Landesteilen versammeln sich am Fuße des heiligen Berges Kailash in Westtibet anlässlich des Saga-Dawa-Festes. Ein riesiger Mast wird im Tal von Tarpoche zu Ehren Buddhas errichtet. Aus seiner Neigung zum Kailash lesen die Tibeter unter anderem die Zukunft ab.

Kleine Bilder rechts:
Darchen ist der einzige etwas größere Ort am Kailash. An Saga Dawa entsteht innerhalb weniger Tage eine Zeltstadt. Hier muss jeder Reisende sein Permit (Genehmigung) vorzeigen und sich bei den Behörden registrieren lassen.

Oben:
Blick von einem Hügel über dem Manasarovar nach Südwesten. Anagarika Govinda beschreibt die spirituelle Dimension der Landschaft am Kailash wie folgt: „Der Pilger wird sich bewusst, dass er sich durch ein riesiges Mandala bewegt, das wie durch ein Wunder der Natur geschaffen wurde, ein Mandala, das durch Farben und Formen zu ihm spricht in der Symbolsprache der Meditation, die seit Beginn der Menschheit von Generation zu Generation weitergegeben wurde."

Rechts:
Tso Mapham oder Tso Rinpotsche, was so viel heißt, wie „der unbesiegte oder der kostbare See", nennen die Tibeter den Manasarovar. Er hat die Form der Sonne und symbolisiert die Kräfte des Lichtes. Die rituelle Umrundung des heiligen Sees dauert acht Tage.

Links:
Der Manasarovar bei Vollmond. Eine begehrte Reliquie ist das heilige Wasser des Sees, das manchmal gleich kanisterweise abgefüllt wird. Zuhause wird es dann in Opferschalen im Hausaltar aufbewahrt. Da man keinen ganzen Kanister für sich selbst benötigt, kann man den einen oder anderen Liter auch verkaufen.

Unten:
Am See wird in der Regel gezeltet. Es existieren auch einige verschlagartige und ziemlich verdreckte Unterkünfte. Die Unbequemlichkeiten der Unterbringung werden mit fantastischen Ausblicken von einem der umgebenden Hügel kompensiert.

Rechts:
Unterhalb der Chiu-Gompa haben viele Pilger ihr Lager aufgeschlagen. Sie warten auf den Beginn des Saga-Dawa-Festes und nutzen die Zeit zu einem Besuch der heiligen Stätten am See.

Unten:
Nomaden durchstreifen auf der Suche nach einzelnen Tieren ihrer Herde das Grasland am Manasarovar. Für sie ist der Blick auf das wunderbare Türkisband des Sees und die spektakuläre Berglandschaft etwas Alltägliches.

Oben:
Der natürliche Gegenpol des Manasarovar ist der Rakas Tal, der See der Dämonen. Er hat die Form einer Sichel und symbolisiert die Kräfte der Nacht. Beide Seen sind durch einen kleinen Fluss, den Ganga Chu, verbunden.

Links:
Die Gösul Gompa liegt auf einem Felsbuckel zwischen den beiden Seen Manasarovar und Rakas Tal. Wer über Westnepal anreist, macht an diesem Kloster Halt. Den Kailash sieht man aber nur vom Hügel oberhalb des Klosters.

Seite 144/145:
Harmonisch fügt sich die Klosteranlage von Thirtapuri in die Landschaft. In den Mauern spiegeln sich die Farben der umgebenden Bergrücken. Bekannt ist der Ort auch für seine heißen Quellen.

Oben:
Ein Besuch der Ruinen von Tsaparang und Tholing im äußersten Westen des Landes ist der krönende Abschluss einer Reise durch den Westen Tibets. In der heute einsamen Gegend lebten einst bis zu 10 000 Menschen. Die Tempelanlagen sind erst zu einem kleinen Teil rekonstruiert worden.

Rechts:
Von einigen Bauten stehen heute nur noch die Grundmauern. Feuchtigkeit und Erosion hatten einen Teil der Kunstwerke schon vor der Kulturrevolution schwer beschädigt. Den Rest besorgten dann die berüchtigten „Roten Garden". Jahrelang kursierten Gerüchte, dass Tsaparang und Tholing dem Erdboden gleichgemacht worden wären. Bis 1985 durfte diese Gegend überhaupt nicht besucht werden.

Links:
Mit Mantras, dem Pferd und den Tieren der vier Himmelsrichtungen bedruckte Gebetsfahnen werden in Siedlungen und an exponierten Stellen wie an Bergpässen oder wie hier über den Fluss Sutlej nahe Thirtapuri in Westtibet gespannt. Sie symbolisieren den Wunsch für das Glück aller Lebewesen.

Unten:
Auf einem Berg liegt der heute zum großen Teil verwitterte Sommerpalast des Königs von Guge. Im 11. Jahrhundert und dann noch einmal im 15. Jahrhundert war Guge das Machtzentrum Tibets, bevor Zentraltibet an Einfluss gewann.

Linke Seite:
Mit dem Beginn des 17. Jahrhunderts ging der einst mächtige Einfluss Guges zurück. Religionsstreitigkeiten mit einem christlichen Pater, dem toleranterweise die Erlaubnis gegeben worden war, hier ein Gotteshaus zu bauen, weiteten sich zu einem handfesten Konflikt aus, den der König von Ladakh im Jahr 1630 mit einer Belagerung beendete. Der König von Guge wurde gefangen genommen und starb bald darauf.

Bilder dieser Seite:
Teilweise gut erhalten sind die herrlichen Wandmalereien im roten und im weißen Lhakang in Tsaparang in Guge, die zu den schönsten im gesamten Himalaja-Raum zählen. Wurden die meisten Statuen in der Zeit der Kulturrevolution zerschlagen, stellen die Malereien heute noch ein bedeutendes Zeugnis der späten indisch-buddhistischen Kunst dar. Viele stammen aus der Gründerzeit des Klosters. Ausdruckskraft, farbliche Harmonie und künstlerische Gestaltung werden von den Kunsthistorikern als „unübertroffen" bezeichnet. Der Tibetexperte Giuseppe Tucci spricht bei den Malereien sogar vom „Guge-Stil".

Rechts:
Die Erosivkraft des Sutlej ist für die Entstehung der zerklüfteten Landschaft in Guge verantwortlich. Der „Rote Fluss", wie er auch genannt wird, entspringt am Kailash. Er mündet später in den Indus.

Unten:
Zehn Kilometer beträgt die Entfernung zwischen Tholing und Tsaparang. Die Fahrt auf den staubigen Schotterpisten ist anstrengend aber wegen der landschaftlichen Schönheit äußerst lohnenswert.

Oben:
Das ursprüngliche Gebiet des Königreiches Guge beschränkte sich nicht nur auf die Hauptstädte Tholing und Tsaparang in Westtibet. Es umfasste die heutigen Gebiete von Zanskar, das obere Kinnaur, Lahaul und Spiti. Diese Gebiete werden derzeit von Indien kontrolliert.

Links:
Verkarstung und Austrocknung waren die Gründe für den Niedergang des Königreiches Guge. Früher lebten bis zu 10 000 Menschen in dieser heute spärlich besiedelten Gegend. Erhalten blieben einzigartige Sandsteinformationen, die durch Wind und Erosion weiter verwittern.

Seite 152/153:
Als „Land der weißen Wolken" beschrieb Lama Anagarika Govinda treffend die Hochebene von Tibet.

REGISTER

SINKIANG UIGHUR
(Autonome Region)
GANSU
(Provinz)
Qilan Shan
Qaidam Pendi
Mangnai
Da Qaidam Zhen
Bayan Shan
5.030m
Qinghai Hu
Datong
Huang-yuan
Xining
Lanzhou
Gonghe
Dulan
Golmud
Shan
Muz Tag
7.723m
Qong Muztag
6.920m
Buka Daban
6.860m
Budongquan
AMDO
Har Sai Shan
5.730m
Madoi
Repkong
Labrang
Maqên Kangri
6.282m
Hoh Xil Shan
Hochland von Tibet
CHINA
Bayan Har Shan
Zoigê
Qingshuihe
Ü-TSANG
Geladaindong
6.621m
Tanggula Shan
Chumda
AUTONOME REGION
TIBET
Zamtang
Amdo
Nyima
Lama Monastery
Gamtog
Luhuo
SICHUAN
(Provinz)
Nakchu
Sok Tsanden Gompa
Tengchen
Racaka
Qamdo
Chengdu
Gangdisê Shan
Nyainqêntanglha Feng
7.114m
Xainza
Nam Co
Nyainqêntanglha Feng
7.114m
Ganden
Drigung Til
Mekong
Yangtse
Kangding
Tsurphu
Drepung
Dagzê
Gandan Si
Lhasa
Tangmai
Bamda
Chabalung
Litang
Zigong
Saga
Yarlung Zangbo (Brahmaputra)
Nyingchi
KHAM
Lhazê
Xigazê
Gonggar
Samyai
Zetang
Yongbulakang
Salween
Tingri
Sakya Kloster
Gyangzê
Samding Kloster
Nang
Gygang
Xichang
PAL
Pokhara
Dinngyê
Xingha
Mt. Everest
8.848m
Makalu
8.463m
Kathmandu
Kangto
7.102m
BHUTAN
Dibrugarh
Dukou
Brahmaputra
Guwahati
Patna
MYANMAR
YUNNAN
(Provinz)
Kunming
BANGLADESCH

IMPRESSUM

Buchgestaltung
SILBERWALD
Agentur für visuelle Kommunikation, Würzburg
www.silberwald.biz

Karte
Fischer Kartografie, Aichach

Printed in Germany
Repro: Artilitho, Lavis-Trento, Italien
www.artilitho.com
Druck/Verarbeitung:
Offizin Andersen Nexö, Leipzig

ISBN 978-3-8003-1909-1

Unser gesamtes Programm finden Sie unter:
www.verlagshaus.com

Bildnachweis
Alle Bilder von Kai-Uwe Küchler,
mit Ausnahme folgender:
Seite 48/49 (6 Abb.): Markus Walter
Seite 66/67, großes Bild: bpk/Staatsbibliothek zu Berlin, Kartenabteilung/Ruth Schacht
Seite 66/67, Personen und Münze (6 Abb.): Wikimedia Commons, commons.wikimedia.org

Danksagung
Kai-Uwe Küchler dankt
seiner Frau Ariane für die Geduld, Hilfe und Assistenz bei den vielen Reisen,
seinem Vater Manfred für die Hilfe bei der Recherche und den Texten,
Helga Klose für die vielen guten Tipps,
Markus Walter vom Reiseveranstalter Diamir für die Bilder von der Tibet-Bahn
und den vielen Tibetern für ihre Gastfreundschaft.

Kai-Uwe Küchler im Internet: www.art-adventure.de

Der kurzlebige blaue Mohn ist eine Pflanze, die im gesamten Himalaja verehrt wird. Das bis zu zwei Meter hohe Staudengewächs gedeiht am besten an schattigen, kühlen und feuchten Standorten zwischen 3100 und 4000 Metern Höhe. In Bhutan ist der blaue Mohn sogar die Nationalblume.